Cordula und Ottmar Leidner

Weil ich mit dir wachsen möchte

Ignatianische Impulse
Herausgegeben von Stefan Kiechle SJ und Willi Lambert SJ,
Band 5

Ignatianische Impulse gründen in der Spiritualität des Ignatius von Loyola. Diese wird heute von vielen Menschen neu entdeckt.

Ignatianische Impulse greifen aktuelle und existentielle Fragen wie auch umstrittene Themen auf. Weltoffen und konkret, lebensnah und nach vorne gerichtet, gut lesbar und persönlich anregend sprechen sie suchende Menschen an und helfen ihnen, das alltägliche Leben spirituell zu deuten und zu gestalten.

Ignatianische Impulse werden begleitet durch den Jesuitenorden, der von Ignatius gegründet wurde. Ihre Themen orientieren sich an dem, was Jesuiten heute als ihre Leitlinien gewählt haben: Christlicher Glaube – soziale Gerechtigkeit – interreligiöser Dialog – moderne Kultur.

Cordula und Ottmar Leidner

Weil ich mit dir wachsen möchte

Herausforderung Ehe

echter

Bibliografische Information der Deutschen Bibliothek
Die Deutsche Bibliothek verzeichnet diese Publikation in der Deutschen Nationalbibliografie; detaillierte bibliografische Daten sind im Internet über <http://dnb.ddb.de> abrufbar.

2. Auflage 2006

www.echter-verlag.de
Umschlag: Roberto Meraner
Druck und Bindung: Clausen & Bosse, Leck
ISBN 3-429-02602-4 / 978-3-429-02602-8

Inhalt

Vorwort

Liebe Leserin, lieber Leser,

gestatten Sie uns zunächst, dass wir uns über Sie Gedanken machen. Wir vermuten:

Entweder sind Sie verheiratet. Das würde erklären, warum Sie ein kleines Buch über Spiritualität und Ehe überhaupt in die Hand nehmen. Wahrscheinlich haben Sie dann den Rausch der ersten Hochstimmung schon hinter sich, denn während Partnerwahl und Hoch-Zeit kümmert man sich um andere Dinge als um spirituelle Bücher. Vielleicht steckt Ihre Ehe in einer handfesten Krise. Vielleicht aber ahnen Sie nur leise, dass Sie sich für Ihre Ehe noch irgend etwas anderes wünschen. Wir können nicht zusagen, dass wir Ihnen etwas Wesentliches dazu anbieten können, aber wir haben alle diese Möglichkeiten in den Blick genommen.

Oder Sie beschäftigen sich mit Ehe, weil Ihnen die Ehe anderer am Herzen liegt: die von Freunden oder Angehörigen oder die von Paaren, für die Sie Beratung oder Seelsorge übernommen haben. Dann hoffen wir, dass das Buch ebenfalls etwas bringt, was Sie suchen.

Als wir gefragt wurden, ob wir diese Aufgabe übernehmen würden, wurde uns erst ein wenig schwindlig. Aber bei ruhiger Betrachtung fanden wir den Auftrag immer schöner. Wir haben Freude an unserer Ehe, aber wir haben nicht viele Illusionen von Harmonie und sind uns der Unterschiede, auch zwischen Männern und Frauen im allgemeinen, ziemlich bewusst.

Wir konnten uns schon bei der Hochzeits-Messe nicht auf ein Evangelium einigen. Gemeinsame Arbeit wie dieses Bändchen bedeutet also immer Spannung, Reibung, aber auch Wachstum aufeinander zu. Das hat sich bestätigt.
Das Thema Familie mit Kindern ist einen eigenen Band wert. Deshalb und weil wir zu den kinderlosen Paaren zählen, also trocken schwimmen würden, bleibt dieses Thema weitgehend ausgespart.
Das Bemühen, der Gleichberechtigung der Geschlechter auch sprachlich Form zu verleihen, wollten wir nicht übertreiben. Beispielsweise meint »der Partner« beide. Wir bitten um Verständnis.
Wir widmen dieses Bändchen unseren Eltern. In den wilden Jahren unserer Abgrenzung schonten wir sie nicht. Sie mussten damals einiges mit uns erleiden, was sie wie vieles tapfer ertrugen. Heute sehen wir ziemlich ungeschützt, wie viel sie für uns getan haben, auch in schwerer Zeit, sowohl die drei, die noch leben, darunter eine Stiefmutter, als auch die beiden, die nach langer Krankheit verstorben sind. Wir sind ihnen heute sehr, sehr dankbar.
Danken möchten wir aber auch unseren geistlichen Begleitern, allen voran P. Andreas Falkner SJ, der die stürmischen Anfangsjahre unserer Beziehung begleitete und sogar vor zwei Hochzeits-Evangelien nicht zurückschreckte.

Im Herbst 2003 *Cordula Leidner/Ottmar Leidner*

1. Ignatianische Spiritualität

Ignatius von Loyola hat, soweit wir wissen, zölibatär gelebt. Er hat nie den Anspruch erhoben, Fachmann zum Thema Ehe zu sein. Dennoch haben viele Männer und Frauen, die selbst in Partnerschaft leben oder andere Partnerschaften begleiten, immer wieder die Erfahrung gemacht: Ignatianische Exerzitien verändern Ehen. Wer sich auf den Weg der geistlichen Übungen nach Ignatius macht, verändert sich auch als Ehefrau und Ehemann. Warum das so ist? Vielleicht, weil die Beziehung zu Gott auch all unsere anderen Beziehungen verändert. Beziehungen sind der Kern unseres Lebens. In der Schöpfung wie in der Menschwerdung drückt sich Gottes unendlicher Wille zur Beziehung aus, das hat Ignatius immer wieder betont: »El amor consiste en communicación de las dos partes ...« – »Die Liebe besteht in der Mitteilung von beiden Seiten her; das heißt, dass der Liebende dem Geliebten gibt und mitteilt, was er hat, oder von dem, was er hat oder kann, und als Erwiderung ebenso der Geliebte dem Liebenden.« Das ist in den letzten Jahrzehnten mehrfach kompetent entfaltet worden, besonders von Willi Lambert.[1]

Was ignatianische Spiritualität ist, wüssten wir randscharf nicht zu definieren. Wir können aber von 23 Ehejahren berichten, in denen wir fast jährlich, meist jeder für sich, zehntägige ignatianische Exerzitien »gemacht« haben. Und wir können einfließen lassen, was wir in dieser Zeit durch geistliche Begleiter und Begleiterinnen, fast tägliche stille Zeiten betender Reflexion und – an verschiedenen Wohnorten – den Austausch in GCL-Gruppen gewonnen haben. Die Gemeinschaft Christlichen Lebens (GCL) ist eine weltweite Laiengemeinschaft innerhalb der katholischen Kirche, die von Jesuiten vor Jahrhunderten als »Marianische Kongregation« gegründet wurde und sich seit der Zeit des Zweiten Vatikanischen Konzils auf eine neue Weise der Spiritualität widmet, die aus den Geistlichen Übungen des Ignatius von Loyola[2] wächst. Besondere Gaben der GCL sind, wie die letzten Jahre zeigen, die Begleitung spirituell suchender Menschen in Exerzitien und geistlicher Begleitung und die Begleitung von Gruppenprozessen im Sinn »unterscheidender Gemeinschaft«[3].

In dieser kleinen Schrift soll der Versuch unternommen werden, von eigenen Erfahrungen zu berichten und anzuregen, sich in Partnerschaft und Ehe – in großer Freiheit und letztlich nur dem lebendigen Gott verpflichtet – auf eine interessante Reise zu machen, nicht frei von Risiken, aber mit ungeahnten Möglichkeiten. Der viel zitierte Satz von Ignatius: »Wenige Menschen ahnen, was Gott aus ihnen machen würde, wenn sie sich vorbehaltlos seiner Gnade überlassen würden« gilt auch für Partnerschaft und Ehe. Es geht nicht um ein Programm, sondern eher um das Ein-Üben einer Haltung. Diese Haltung kennt nur wenige Regeln, aber große Freiheit und eine fast grenzenlose verwandelnde Kraft.

Die Geistlichen Übungen nach Ignatius führen uns konsequent zu dem, was in unserm Leben nicht in Ordnung ist. Viele, die das nicht kennen, wittern dahinter Selbstbezichtigung und Autoaggression. Aber es geht um das genaue Gegenteil: Wir werden eingeladen, freundlich, behutsam und barmherzig auf unsere Wirklichkeit zu schauen, so wie wir sind. Mit der Zeit wird deutlicher, dass wir umso ehrlicher mit unseren Wünschen, Bedürfnissen und Grenzen umgehen, je mehr wir in Beziehung zum barmherzigen Gott kommen. Schonungslosigkeit wäre der falsche Weg; im Gegenteil: die Schonung, die Gott uns zusagt, erlaubt uns, unsere Wirklichkeit immer ehrlicher in den Blick zu nehmen.

In den Regeln zur Unterscheidung der Geister, die uns Ignatius in den Geistlichen Übungen[4] anbietet, taucht immer wieder eine geistliche »Windrichtung« auf, die von zentraler Bedeutung zu sein scheint: Wenn etwas zu mehr lebendiger Beziehung verhilft, wenn etwas einen Schritt in Richtung offene Kommunikation bedeutet, wenn in einem Verhalten eine freie Bewegung auf ein Du hin stattfindet, so darf das tendenziell als ein Hinweis gewertet werden, dass wir damit Wünsche Gottes vollziehen. Das gilt im Großen wie im Kleinen: Das gilt für die Suche eines unverwechselbaren Menschen nach sich selbst und seinem Weg. Das gilt für die Suche eines Menschen nach Gott. Das gilt in der Politik, in der innerkirchlichen Kommunikation, am Arbeitsplatz und natürlich in der Beziehung zu einem geliebten Menschen in einer Partnerschaft. Diese Einsicht auf die Entwicklung einer Ehe anzuwenden kann helfen, sie zu verstehen und zu gestalten. Wir haben das oft so erlebt.

Ignatius hat seine Lebenserinnerungen »Bericht des Pilgers« genannt, und oft hat er als »der Pilger« unterzeichnet. Auch uns ist wichtig geworden, dass wir uns auf einem Weg befinden. Das ist auf den ersten Blick so banal, dass man es kaum aussprechen mag. Aber es ist so wichtig, dass wir es uns immer wieder in Erinnerung rufen. Denn wichtige Fragen resultieren daraus: Hat mein Leben eine Richtung? Welche denn? Welchem »Stern« folge ich? Folge ich tatsächlich im Augenblick der Straße, für die ich mich entschieden habe? Auf die Ehe gemünzt: Ist das, was wir jetzt in der Ehe erleben, vielleicht einfach ein normales, steiles Stück Weg? Weil wir uns einen Berg vorgenommen haben, der nicht ohne Schweiß und Schnaufen zu erklimmen ist? Oder weil es zwangsläufige Schrittfolgen und Entwicklungsstadien gibt, die einfach als Realität gewürdigt werden wollen? Bedeutet unser Zweifel, dass wir uns verirrt haben, oder bedeutet er, dass wir an einer Kreuzung angekommen sind, wo Gott – und eben auch die vielen gegen Gott laufenden Versuchungen – eine Entscheidung von uns fordern, die mühsam sein kann und schwierig und die viel Widerstand produziert?

Wenn wir unsere Ehe als Weg verstehen, ist immer wieder die Frage sinnvoll: Gehen wir im rechten Tempo? Müssen wir rasten, dürfen wir uns getrost Zeit lassen? Wann sollten wir aufeinander warten, wann einander stützen und zum Weitergehen ermutigen? Wann ist Aufbruch angesagt? Und mindestens genau so wichtig: Brauchen wir im unwegsamen Gelände ortskundige Führer und Lotsen? Oder Gefährten, die die Sprache der Region sprechen und das örtliche Wetter zu deuten wissen – ob etwa Sturm heraufzieht oder ob wir unbekümmert weitergehen können.

Ein dritter Zug ignatianischer Haltung ergibt sich ganz unmittelbar aus den geistlichen Übungen: der Respekt vor der Realität. Wir sind Geschöpfe. Selbst wer das nicht glaubt, muss akzeptieren, dass wir enge Grenzen haben. All unser Tun ist vorläufig und gründet auf höchst brüchigen Annahmen. Wir produzieren Fehlleistungen und manchmal sogar schwere. Oft ist es nur »Glück« oder Himmelsgeschenk, wenn uns schwere Schuld erspart bleibt. Denken Sie nur an Ihre letzte kritische Situation im Straßenverkehr. Es bleibt uns keine Alternative: Wir müssen mit unseren Stärken und Schwächen, mit unseren Motiven und Unzulänglichkeiten, mit unseren Zuneigungen und Abneigungen dieses Leben bestehen. Am wichtigsten ist: Gott hat uns – so lehrt unser Glaube – genau so brüchig und unrund geschaffen. Genau so, wie wir sind, und nicht, wie wir gerne wären, waren wir es ihm wert, selbst hierher zu kommen und Mensch zu werden. Er hat all den Unfug auf sich genommen, der menschliches Leben prägt: Unverständnis, Streit und Krieg, Engherzigkeit und Widerstand, schließlich ein verzweifeltes Ende als hingerichteter Krimineller. Das waren und sind wir ihm wert. Diese rätselhafte Liebe Gottes kann uns den Mut geben, ehrlich auf unsere Wirklichkeit zu schauen. Konkret können wir uns fragen: Mit welchen biologischen, psychologischen und soziologischen Kräften müssen wir bei uns rechnen, als Mann und Frau? Was sind in unserer Zeit und Kultur die normalen Reifungsaufgaben einer Beziehung, die auch uns nicht erspart bleiben?

In der Adoleszenz haben wir Mühe, das stürmische Drängen in uns zu sortieren, damit wir halbwegs geordnet eine Lebensform und einen Partner bzw. eine Partnerin wählen. Im gelungenen Fall gibt es irgendwann eine rauschende Hochzeit, aber regelmäßig weicht diese Hoch-Zeit früher oder später einem mehr oder minder rauen Erwachen. Auch eine sehr harmonische Ehe kennt ihre Abgründe, Missverständnisse, Grenzen und Krisen. Aber all das ist von Gott bejaht, und von Ignatius durchaus kommentiert: »Gott suchen und finden in allen Dingen«. Wenn wir diesen Satz »verkosten«, wie Ignatius empfiehlt, dann erweist er sich als anspruchsvoller und mutiger, als er zunächst klingt. »In allem« heißt: in allem! Wir dürfen tatsächlich die Grundannahme immer wieder aufrichten, dass Gott in jeder (!) Ehe und in jeder Phase einer Ehe ein Angebot seines Wirkens macht. Gott lädt uns ein, immer mehr – bei Ignatius gibt es das Schlüsselwort »magis«, »je mehr« – die zu werden, als die Gott uns entworfen hat, auch als Ehepaar.

In der größten Krise, der größten Schuld oder der bittersten Ratlosigkeit sind wir eingeladen, mit unserem ganzen Elend zu ihm zu kommen und um Lösung zu bitten. Wir sind nicht aufgefordert, so zu tun, als sei nichts los. Gott ermutigt uns, hinter die harmonische Ehe-Fassade zu schauen. Gute Weggefährten, etwa in einer gereiften GCL-Gruppe, tun dies oft auch, Gott sei Dank. Besonders wichtig ist uns die Einladung, Selbstbetrug aufzugeben. Je mehr wir Gott als barmherzigen Vater und Christus als wissenden Bruder ernst nehmen, desto mehr können wir auf die Grenzen unserer Ehe blicken und umso mehr echte Chancen auf Reife und Entwicklung eröffnen sich. Denn Bedürfnisse eines Partners, die in einer Ehe auf Dauer frustriert werden, müssen angegangen werden, und sei es mit Hilfe ausgebildeter Dritter.

Die Schwierigkeit ist aber nicht so sehr, wie mit solchen Bedürfnissen umzugehen ist. Wenn sie erst einmal erkannt und ausgesprochen sind, ist das meiste getan. Die Kunst ist, sie zu entdecken. Denn sie melden sich oft sehr leise. Wir sind für die Wahrnehmung dieser Innenwelten nicht gut ausgebildet. Eher werden wir darin geschult, uns von »Psychokram« nicht am Funktionieren hindern zu lassen. Im Entdecken unserer seelischen Realität, der inneren Wirkmächte, der

Bewegungen zwischen uns und Gott, sieht Ignatius aber eine entscheidende Voraussetzung für Entwicklung und Wachstum in die richtige Richtung – »berührt von Gottes Liebeswillen das eigene Leben gestalten« (W. Lambert).
Wir möchten also im Folgenden auf die »Standardsituationen« einer Ehe hauptsächlich durch diese drei Fenster ignatianischer Spiritualität schauen:

- den fast unbedingten Vorrang der lebendigen Beziehung,
- das immer wieder erneuerte Bewusstsein, auf einem Weg zu sein, und schließlich
- den Respekt vor der Realität, die »Liebe zur Wirklichkeit«.

Übung

Am Ende jedes Kapitels laden wir Sie – ignatianischer Methode folgend – zu einer kleinen Übung ein. Die folgende haben wir, ein wenig modifiziert, dem Buch »Zwei sind ihres Glückes Schmied« von Rudolf Sanders[5] entnommen. Sie kann einen ruhigen, gelassenen Blick für die Realität unterstützen.

Nehmen Sie sich eine gute halbe Stunde Zeit, für sich allein. Wenn Sie mit Entspannungsübungen vertraut sind, wenden Sie eine solche zum Einstieg an, wenige Minuten. Sonst stellen Sie sich einfach vor, nach einem anstrengenden Arbeitstag im Theater anzukommen und sich in einem bequemen Sessel niederzulassen. Sie freuen sich auf ein Stück guter Unterhaltung. Der Vorhang geht auf, zwei Personen treten auf. Sie merken bald, dass dort der Alltag Ihrer Ehe gespielt wird. Sie brauchen nicht über die weiteren Akte nachzudenken. Schauen Sie einfach eine Weile zu, wie im ersten Akt geredet wird oder auch nicht, geliebt oder auch nicht, gestritten oder auch nicht. Und wenn Sie genug zugeschaut haben, kehren Sie mit einigen tiefen Atemzügen und Räkeln in die Realität zurück.

Nehmen Sie sich noch einige Minuten für folgende Fragen:

Wie geht es mir jetzt? Nehme ich ein Gefühl in mir wahr oder gar mehrere?

Habe ich Schlüsselszenen gesehen oder gehört? Welche?

Interessiert mich, wie es weitergeht?

Was immer Sie finden, Erfreuliches oder Unerfreuliches – versuchen Sie, es erst einmal so stehen zu lassen.

2. Zurück zu den Anfängen

Wenn wir Sie einladen, in Gedanken zu den Anfängen Ihrer Beziehung zurückzugehen, so hat das zwei Gründe. Erstens ist diese Art Rückschau oft hilfreich, wenn wir versuchen, die Gegenwart zu deuten und zu verstehen. Vielleicht sind schon von Anfang an bestimmte Muster erkennbar gewesen. Beispielsweise können wir erkennen, wie breit oder schmal am Anfang die Basis der Beziehung war oder wie zögerlich die ersten Triebe dieser wachsenden Beziehung keimten und wie viel sich später daraus entwickelte.

Der zweite Grund ist, dass uns die Zeit der Pubertät und Partnersuche gut geeignet scheint, einen Wesenszug ignatianischer Spiritualität praktisch anzuschauen, nämlich die Art, Entscheidungen von großer Tragweite trotz großer Verwirrung zu treffen. Können Sie sich noch an die Zeit mit 14 oder 15 erinnern? War Ihre »Pubertät« auch ein heilloses Durcheinander von Sehnsüchten, Wünschen, Ängsten und Unsicherheiten? Als Pubertierender interessiert man sich nicht für Spiritualität. Schon das Wort wäre undenkbar. Dabei sind die anstehenden Fragen natürlich im Rückblick als höchst existentiell und spirituell zu erkennen. Wer bin ich? Wohin entwickle ich mich? Wie lässt sich das alles ordnen? Was ist mir wesensgemäß, was ist mein Stil und was nicht? Wo passe ich mich an, um dabei zu sein, wo grenze ich mich ab? Wer und was interessiert mich und macht mich an? Wen lasse ich an mich heran, und wen nicht?

Vielleicht gibt es sogar Gebete in dieser Zeit des Pubertierens, aber die Suche nach Orientierung nutzt heute eher profane Medien, von Vorabend-Fernseh-Serien und Kino über Jugend-Zeitschriften bis zum Internet. Der Blick auf Vorbilder beschränkt sich jedoch keineswegs auf Popstars und Leinwand-Helden. Jugendliche schauen, meist unauffällig und oft subtil, nach Modellen: Da wird ein Butterbrot um einiges langsamer geschmiert, wenn im gleichen Raum die Eltern mit einem befreundeten Paar Beziehungskisten durchreden. Oder man erzählt der Mutter von Altersgenossen und testet so durch die Hintertür die eigenen Fragen und Entwürfe ab. Offene Gespräche über die Sorgen und Nöte der Identitäts- und Partnersuche sind seltene Sternstunden. Junge Leute wollen sich nicht allzu viel anmerken lassen, damals wie heute, und das ist gut so. Denn die entscheidenden Ziele, insbesondere eine halbwegs sortierte Identität und Persönlichkeit, ein einigermaßen fester Platz im Leben und eine stabile Partnerschaft, lassen sich nicht durch Panik und Problematisieren erreichen, sondern sie brauchen neben vielen Gesprächen auch Gelassenheit (»coolness«) und einige Zielstrebigkeit und Ausdauer.

»Den Gefühlen trauen *und* den Kopf gebrauchen«[6] – unter anderem Namen haben wohl die meisten von uns genau das in den Jahren der Partnersuche versucht. Oft wird die emotionale Anziehung einer jungen Frau oder eines jungen Mannes der Anfang gewesen sein, aber dann gab es sicher eine Zeit, in der experimentiert wurde und die Reaktionen und das Verhalten dieses interessanten Menschen sorgfältig beobachtet wurden. Passt das? Geht das mit dem zusammen, was ich spüre? Warum verhält sie oder er sich so? Junge Frauen »reflektieren« diese Fragen oft mit der besten Freundin, aber sie würden es wohl anders nennen. Oft genug ist das Ergebnis: Das verstehe ich nicht, das ertrage ich nicht, das will ich so nicht. Wir müssen unsere Herzens-Entscheidungen mit dem Kopf überprüfen. Und wir müssen umgekehrt auch schauen, ob unsere Verstandes-Voten zu unseren Gefühlen passen. Es gab und gibt keine Alternative dazu. Eine allzu kopflastige Partnerwahl missachtet alte Spielregeln der Natur: Es mehren sich wissenschaftliche Belege, dass Menschen mit dem Geruchssinn und völlig unbewusst Informationen darüber sammeln, ob die genetische Ausstattung des möglichen Partners zur eigenen passt und tendenziell gesunde Nachkommen verspricht. Und wir dürfen unseren Gefühlen trauen, wenn wir jemand »nicht riechen« können, und sei es der tollste Hecht oder die schönste Braut.

Es gibt ein aufschlussreiches psychologisches Experiment: Wenn von zehn langjährigen Paaren getrennte Porträtfotos kunterbunt gemischt auf dem Tisch liegen, so findet eine Versuchsperson überraschend häufig die richtigen Paare zusammen, obwohl sie niemanden persönlich kennt. Der Grund dafür ist unbekannt, es darf spekuliert werden: Ob unser Unbewusstes bei der Partnerwahl überprüft, ob auch die »Marktchancen« zueinander passen? Schließlich hat man bei den allerschönsten Hühnern ständig Ärger mit den anderen Hähnen und umgekehrt. Eine uns bekannte junge Frau hat sich von ihrem ersten Mann getrennt, da er sie zu sehr angehimmelt hat – allzu viel Asymmetrie ist ungesund.

Wie ging das bei Ihnen mit dem Werben? Die meisten jungen Frauen wissen bis heute, dass das Erobern ein beliebter Sport unter jungen Männern ist. Bei manchen Spezialisten lässt das Interesse nach Einnahme der Burg rasch nach. Dann ist eine Schwangerschaft keine ungetrübte Freude. Wann war bei Ihnen klar, dass es um mehr ging als um ein Abenteuer? Vermutlich haben Sie dabei auch den Verstand benutzt: Wie zuverlässig zeigte sich dieser von mir angebetete Mensch? Wie ging sie oder er mit Krisen um? Wir selbst haben sehr gründlich gegenseitig unser Repertoire abgeprüft und auf Hinweise für Standfestigkeit und für Entwicklungsbereitschaft geachtet. Begriffen haben wir das erst viel später.

Wie war das bei Ihnen mit dem Heiraten? Wer machte den Vorschlag? Früh oder spät? Mit oder ohne Zweifel? Bis heute taxieren die jungen Frauen mögliche Partner sehr genau danach, ob sie in der Lage sind, die Zukunft einer Familie zu sichern und ihren Platz im Leben auch kämpferisch zu erobern und zu verteidigen. Aber sie verlassen sich nicht mehr darauf, erobert zu werden. Eine junge Frau wäre schlecht beraten, wenn sie nicht im rechten Augenblick auch ihrerseits Interesse zeigen würde – schließlich haben die Werber heute nicht mehr den langen Atem der Minnesänger.

Noch ein paar Rückblicks-Fragen: War die Hochzeit ein rauschendes Fest? Irgendwas läuft ja eigentlich immer schief, auch wenn Kopf und Herz bei der Planung gut zusammenwirkten. Wie waren die Flitterwochen, wenn Sie welche hatten? Gab es Kummer, leichten oder ernsten? Wann und wie sind Sie auf die Idee gekommen, sich für eine Spiritualität der Ehe zu interessieren? Schieres, ungetrübtes Glück ist nicht das häufigste Motiv dafür. Wir selber haben früh gemerkt, dass uns besonders solche Menschen als mögliche Partner interessierten, die spirituelle Bedürfnisse kennen und selbst leben. Mehr noch, wir beide hätten uns eine Ehe mit jemand, der nichts von Gott und Glauben wissen will, nur schwer vorstellen können. Das war

uns schon mit 20 zu wesentlich. Wir haben später viel mit unserem Glauben zu ringen gehabt und mussten durch einigen Gegenwind. Gerade dann erwies sich diese Basis als wichtig.
Unterscheiden und Entscheiden ist ein Wesenszug der ignatianischen Spiritualität und geht natürlich weit über das hier Skizzierte hinaus. In einer gewachsenen Beziehung können Entscheidungen explizit im Angesicht Gottes stattfinden. Aber auch, wenn es uns nicht gelingt, Gott bittend einzubeziehen, bleibt als grundlegende Empfehlung, dass Entscheidungen mit allen Sinnen und allen Seelenkräften, mit Gefühl und Intuition und Verstand und auch mit Hilfe zuverlässiger Vertrauter gewogen und getroffen werden sollen.

Übung

Gehen Sie mal wieder gemeinsam aus, vielleicht zum Tanzen. Gehen Sie dabei, ein wenig lauschend, ein wenig einander fragend, den Anfängen Ihrer Beziehung nach, vom ersten Herantasten bis zu dem, was es heute ist. Wenn Sie Fragen finden, sammeln Sie diese. Sie sind wahrscheinlich kostbar. Und wenn Sie zu einem Ergebnis kommen, für das zu danken lohnt, dann tun Sie es. Sie können einander danken, aber wenn es nahe liegt, auch Gott, dem Schöpfer und Herrn über Verstand, Gefühle und Entscheidungen.

3. Nähe und Distanz

Der fraglose Genuss aneinander, der gemeinsame Rausch der Sinne ist eine wunderbare Zeit und darf ausgekostet werden. Aber lange währt das meistens nicht. Wie lange ging es bei Ihnen? Jedem verliebten Paar steht etwas wie ein Erwachen bevor. Ganz allmählich enttarnt der Alltag Punkt für Punkt, wo es keine Gemeinsamkeit gibt, wo sich auch mit einer gewissen Mühe kein Konsens erzielen lässt, wo wesentliche Unterschiede in den Bedürfnissen und Interessen zutage treten. Das kann an den später beschriebenen Missverständnissen zwischen Mann und Frau liegen, aber es liegt nie nur daran. Dass die hormonell bedingte Verblendung nachlässt, ist ebenfalls nicht der einzige, wenn auch kein unwesentlicher Faktor. Diese Phase kommt wohl einfach, weil sie für jedes Paar eine zwangsläufige Wegstrecke ist. Es gibt sie ja beileibe nicht nur in Zweierbeziehungen. In den gruppendynamischen Konzepten der Sozialpsychologie wurde sie exakt als die Phase der Abgrenzung beschrieben, die zwangsläufig auf die Phase des Vertrauensvorschusses folgt. Es ist die Zeit des »Nein«, um die wir in keiner Beziehung herumkommen, nicht in der zu uns selbst, nicht in der zu Gott, nicht in allen Gruppen und Teams unseres Lebens und selbstverständlich nicht in der Ehe.

Diese Krise ist normal. Denn sie deckt nur auf, dass die Illusion von der ungetrübten Harmonie eben eine Illusion ist und dass eine Aufgabe im Raum steht, nämlich das Suchen nach dem rechten Maß von Nähe und Distanz und das Aushandeln von selbstbestimm-

ten Spielräumen und gemeinsamen Spielfeldern. Denn irgendwann wird klar, dass es Lebensbereiche gibt, die wir nicht miteinander teilen können. Wir interessieren uns schlicht und einfach nicht dafür: Sie findet Fußball und Skat blöd, er Mode und Porzellan. Sie kann sich nicht stundenlang über Autos und Rechner unterhalten, er nicht über die Familien ihrer Freundinnen. Die Diskrepanzen in den Interessen gehen oft noch sehr viel weiter. Wie gelingt es Paaren, damit umzugehen?
Eine Antwort könnte lauten: durch einen permanenten Prozess der Unterscheidung. Eigentlich kommt dieser nie an ein Ende. Immer wieder muss spielerisch geklärt, aber zeitweise auch regelrecht ausgehandelt werden: Welche Lebensbereiche sind so wichtig, dass sie gemeinsame Aktivität fordern? Wo ist beiden lustvolles gemeinsames Tun möglich? Wo sind dagegen getrennte Wege am besten? Denn Freiräume sind nötig. Als Individuen brauchen wir Zeiten und Orte, an denen wir für uns, bei uns selbst, mit uns allein oder mit anderen zusammen lebendig sein können. Haben wir das nicht, so stellt sich früher oder später die begründete Wahrnehmung ein, dass wir an wesentlichen Interessen vorbeileben, dass der Preis für die Beziehung zu hoch ist, dass zuviel auf der Strecke bleibt.
Der Paarberater Michael Mary[7] spricht von »kleiner Trennung«, die dazu helfen kann, die »große Trennung« ein Leben lang nicht nötig zu haben. Ehe darf nie zum Käfig verkommen, auch für junge Mütter nicht. Allerdings sind diese Freiräume nie ganz harmlos. Alles, was außerhalb der Ehe gepflegt wird, führt eben auch ein wenig aus der Beziehung heraus. Das gilt für unsere Arbeit, aber das gilt auch für das hingebungsvolle Teilen kultureller Interessen und sportli-

chen Zeitvertreib mit anderen Frauen und Männern. Immer macht es ein wenig Angst und Neid und manchmal Eifersucht. In Dik Brownes Hägar-Cartoons ist das ein Standard-Thema. Wenn Hägar sich zu Hause abmeldet, um zu den Kumpels in die Kneipe zu gehen, kommentiert Gattin Helga das gelassen-sarkastisch. Aber wenn sie dahinter kommt, dass es dort eine neue hübsche Kellnerin gibt, kann sie zur Furie werden.

Die Ängste der Frauen vor den Sekretärinnen und Krankenschwestern am Arbeitsplatz der Männer sind keine Erfindung, ebenso wenig wie die Ängste der Männer vor den Kollegen der Frau und vor ihren Gymnastikkursen mit all diesen muskelprotzenden Sportlehrern. Ganz unbegründet ist nichts davon. Für die lange Leine braucht es Mut und Vertrauen. Das muss zuerst Fundament bekommen und wachsen.

Als leitende Frage bewährt sich: Was dient unserem Leben mehr, auch unserer lebendigen Beziehung? Was müssen wir akzeptieren, obwohl es uns nicht gut tut – wir denken da an das Arbeitspensum und die Arbeitszeiten, die unsere Gesellschaft von uns erwartet. Wo wollen und sollen wir gemeinsame Zeit und Interessen hegen und pflegen, damit die Beziehung nicht verkümmert? Was brauchen wir an Abstand, um unsere jeweils eigenen Interessen nicht zu verraten, um unserer Beziehung nicht überdrüssig zu werden? Wie weit können wir Abstand und eigene Wege riskieren, ohne Angst, die Zuneigung des anderen zu verlieren oder zu viel Angst auszulösen oder gar dafür bestraft zu werden? Diese Fragen brauchen immer wieder freie, sehende Entscheidungen und auch andauernde Übung.

Es kommt noch ein Problem dazu, das in der Tiefenpsychologie der letzten Jahrzehnte eingehend untersucht wurde und einen möglichen Grund dafür liefert, warum Männer und Frauen Beziehungen unterschiedlich gestalten und erleben. Viele Paare berichten, dass die Männer schon Käfiggefühle und Fluchtimpulse empfinden, wenn die Frau die Beziehung noch als viel zu kühl und distanziert empfindet und deutlich mehr Nähe und Wärme wünscht. Die gängige Theorie erklärt das damit, dass Säuglinge auf dem Weg zur Selbständigkeit auch die Mutter als wärmespendendes Liebesobjekt verabschieden müssen und sich diese Gefühlsgestalt auf alle späteren Beziehungen zu Frauen überträgt, für Söhne also auf alle heterosexuellen Beziehungen.

Anders gesagt: Immer dann, wenn ein Mann sich auf eine warmherzige Beziehung zu einer Frau einlässt, erlebt er unbewusst den Verlust seiner Selbständigkeit und den Rückschritt in ein Abhängigkeitsverhältnis. Diese Theorie ist wohl nicht so versponnen, wie sie zunächst klingt, weil das Koppeln von Sinneseindrücken und Gefühlen in der Kindheit ein wesentlicher Mechanismus des Lernens und der Seelenreifung ist.

Das Nähe-Distanz-Thema wurde für uns konkret beim Beten: Gemeinsame Gebetszeiten im gleichen Raum waren uns lange Zeit nicht möglich und nicht sinnvoll, weil wir sie zu beengend erlebten. Gemeinsame Exerzitien haben wir einige Male versucht, tun das jetzt aber bewusst nicht mehr. Wir halten es für wichtig, einander in dieser bewegten Zeit der Gottesbegegnung nicht zu beeinflussen und einander wirklich loszulassen und zu überantworten. Aber das mag für andere anders sein. Gemeinsame Begleitung war für uns in jenen Jahren im Wortsinn »not-wendig«, in denen wir gemeinsame Fragen bearbeiten mussten. Später wurde wieder wichtig, getrennte Begleitung zu suchen.

Die erste Ernüchterung über die Fremde zwischen ihr und ihm, auch aufgrund ihrer Geschlechter-Eigenart (»neudeutsch« *gender*), ist nur ein Durchgangsstadium und kann sehr wohl kreativ gestaltet werden und zur Bereicherung der Beziehung führen. Mit der Zeit kann sich sogar spielerische Lust daran entwickeln, einander zu schenken, was ihr oder ihm guttut, was sie oder er braucht, obwohl es eigentlich nicht das ist, was dem Schenkenden selbst nahe liegt. Dann können wortkarge Männer intime Gespräche verschenken und Frauen schweigenden Respekt vor den Gefühlen ihrer Männer, auch wenn diese unbesprochen bleiben.

In den letzten Jahren scheint eine Generation heranzureifen, die von diesen Fragen weniger geplagt wird. Es wird auch in festen Partnerschaften selbstverständlicher, dass jeder selbstbewusst seine Wege geht, dass jeder seinen eigenen Freundeskreis pflegt und gemeinsame Freizeitaktivität eines Paares nur eine unter vielen Möglichkeiten ist. Vielleicht ist das ein Fortschritt. Vielleicht aber taucht am Horizont eine neue Herausforderung auf: Zukünftige Generationen sollten wohl wieder neu lernen, was unendlich wichtig für uns Menschenkinder ist: zu spüren, dass der Partner um mich wirbt, sich für mich zurücknimmt, nach meinen Wünschen sucht und fragt, mit mir zu tun haben will, und sei es ringend. Beziehungen gewinnen Tiefe und Stabilität durch gemeinsam errungene Lösungen, durch gemeinsam erlittene Abschiede und gemeinsam durchgestandene Krisen. Es ist wie beim Kochen – die eingebrachten liebevollen Stunden sind durch nichts zu ersetzen, sie geben den eigentlichen

Geschmack. Vielleicht müssen wir »Alten« davon deutlicher berichten. Unsere Generation musste lernen, die eigenen Wünsche und Bedürfnisse wahrzunehmen und offen zu legen. Die nächste muss vielleicht wieder lernen, mehr auf den anderen zu achten.

Übung

Sie können zu diesem Thema einmal das »Gebet der liebenden Aufmerksamkeit« (siehe Anhang) variieren. Nach dem Einstiegsschritt, bei dem Sie sich wach, möglichst ruhig und bewusst vor Gott stellen, können Sie versuchen, den sich neigenden Tag durch die barmherzigen Augen Gottes mit den Fragen abzutasten:

Welche meiner Wünsche an die Ehe wurden heute erfüllt?

Gab es heute unerfüllte Wünsche, die ich vielleicht erst jetzt wahrnehme?

Wo war es mir heute zu eng, wo fühlte ich mich – vielleicht – im Käfig eingesperrt?

Und umgekehrt: Wann war mir die Partnerin oder der Partner heute zu weit weg?

Wo ging es gut und tänzerisch leicht mit Nähe und Distanz?

Wofür möchte ich danken und worum bitten?

Natürlich haben Sie die Freiheit, bei geeigneter Gelegenheit, einem Spaziergang oder einem Cappuccino, die Ergebnisse mit dem Partner auszutauschen, wenn und soweit es Ihnen richtig erscheint. Wenn Sie unsicher sind, fragen Sie Gott. Oft zeigt sich in der inneren Wahrnehmung schon beim Formulieren der Frage an Gott, was Ihrer Beziehung eher dienen könnte und daher Gottes Wille sein dürfte.

4. Missverständnisse

Warum bildet die NASA auch weibliche Astronauten aus? Die Antwort des Kabarettisten Horst Schroth[8] lautet: damit unterwegs jemand nach dem Weg fragen kann. Kolumbus hätte nie Amerika entdeckt und Mose hätte die Israeliten nicht 40 Jahre durch die Wüste geschleppt, wenn beide sich nicht so standhaft geweigert hätten, nach dem richtigen Weg zu fragen. Tausende von Witzen gibt es über die unterschiedlichen Wahrnehmungen und Verhaltensweisen der Geschlechter. In den letzten Jahren hat sich eine eigene Wissenschaftsrichtung entwickelt, meist unter dem Namen »Sozio-Biologie«, die nach Erklärung für diese Unterschiede sucht. Tatsächlich fand sich eine Vielzahl von Hinweisen dafür, dass die psychologischen Unterschiede zwischen den Geschlechtern keineswegs nur erziehungsbedingt sind, sondern zu großen Teilen Folge der vielen hunderttausend Jahre, die der steinzeitliche Mensch in einer Aufgabenteilung zwischen Mann und Frau verbracht hat – der Mann meist als Jäger unterwegs, die Frau am Standort der Sippe mit der Aufzucht der Nachkommen beschäftigt. Mittlerweile gibt es einige mehr oder weniger seriöse Bücher zum Thema; zu weiten Teilen noch auf dem Boden einer soliden Datenbasis steht das amüsante Buch von Allan und Barbara Pease: »Warum Männer nicht zuhören und Frauen schlecht einparken können«[9]. Als wesentliches Ziel formulieren sie, dass Paare sich besser verständigen und programmierte Missverständnisse vermeiden lernen. Auch nach unserer Erfahrung sind einige davon so alltäglich und wirkmächtig, dass wir sie hier entfalten möchten.

Ein wiederkehrendes Missverständnis in Paarbeziehungen betrifft Sinn und Funktion von Gesprächen. Die klassische Situation ist: Beide sitzen am Abend nach dem Tagwerk zu Hause; die Frau erzählt eingehend von ihren Erlebnissen im Lauf des Tages, während der Mann sich stumm fragt, warum er nicht einfach seine Ruhe haben kann. Dann und wann wirft er Vorschläge ein, wie sie dieses oder jenes Problem hätte vermeiden oder lösen können, und wundert sich, dass dies keineswegs zum Gelingen des Gesprächs beiträgt, sondern dass immer mehr das Gefühl aufkommt, man rede aneinander vorbei.
Was die beiden oft nicht wissen: Das Gespräch hat für sie erfahrungsgemäß völlig unterschiedliche Bedeutung. Die Frau versucht über die Erzählung, den Partner an ihrem Leben teilhaben zu lassen und auf diese Weise die Beziehung zu pflegen, vielleicht auch das Erlebte zu ordnen. Ein Mann versteht Gespräche eher als Mittel zur Zielerreichung und führt sie in der Regel nur so lange und so weit, wie sie der Lösung eines Problems oder der Erledigung eines Auftrags dienen. Danach haben sie ihren Sinn verloren. Soziobiologisch führt man dies auf die Steinzeit-Kommunikation zurück, als die Männer sich auf der Jagd durch kurze Wortwechsel abgesprochen haben und dabei Daten über Strecken, Wind und potentielle Jagdbeute ausgetauscht haben, während die Frauen sich zu Hause um den emotionalen Zusammenhalt der Sippe und die Versorgung und Ausbildung des Nachwuchses kümmerten, was natürlich besonders über die Sprache vollzogen wurde.
Klassischer Zwist ergibt sich auch auf andere Art: Männer finden die Butter nicht im Kühlschrank, sie verlieren Socken, sie haben offenbar keine Wahrneh-

mung für Schmutz und keinen Blick für unglücklich zusammengestellte Kleidung. Frauen im Auto sehen dagegen alles rechts und links der Straße, aber sie unterschätzen ferne Gefahrenquellen und finden sich auf Landkarten nicht zurecht. Wenn wir die Vorurteile mal abziehen, bleibt als wertfreie Erklärung eine unterschiedliche Strategie der Geschlechter, genauer unseres Seh-Hirns, das Gesichtsfeld abzusuchen: Frauen sehen sehr schnell und simultan in der Nähe, Männer planend in der Ferne, wie es eben in der Steinzeit nötig war.

Auch wenn dies alles Hypothese ist, so kann es doch helfen, eheliche Standardkonflikte aus amüsierter Distanz zu betrachten und mit möglichen Lösungswegen zu experimentieren. Das Ehepaar Pease empfiehlt zum Beispiel Frauen, die gern mit ihren Männern reden würden, diesen schlicht zu sagen, dass sie das tun möchten, für etwa welchen Zeitraum sie es tun möchten und dass es nicht um die Lösung von Problemen geht, sondern nur ums Zuhören und Mitteilen. Das erhöht die Chancen solcher Gespräche auf Erfolg drastisch. Männer umgekehrt sollten verstehen lernen, dass nicht jeder Bericht ihrer Frau über eine Widrigkeit für sie einen Arbeitsauftrag darstellt und schon gar nicht eine latente Kritik einschließt, der Mann sei als Familienoberhaupt untauglich.

Diese Sicht auf die Wirklichkeit eröffnet viele entspannte, auch humorvolle Möglichkeiten, Beziehungen im Sinn des menschenfreundlichen und barmherzigen Gottes zu gestalten. Denn es gibt gegen Missverständnisse nur ein probates Mittel: Kommunikation. Man kann es scherzhaft versuchen: »Ich glaube, dass du denkst, dass ich denke ...« Oder man überprüft ernsthaft Vermutungen: »Ich höre aus deinen Worten das oder jenes heraus. Aber stimmt das überhaupt? Ist es für dich denn wirklich so?« Dagegen führt die stumme Klage: »Ach, das müsste sie/er doch eigentlich wissen ...« meist keinen Schritt weiter. Sie und er weiß es eben oft wirklich nicht oder hat anderes im Kopf oder würde einen kleinen Hinweis brauchen.

Vieles von dem, was Trainer heute als Regeln für gelingende Kommunikation propagieren, hat Ignatius schon vor Jahrhunderten formuliert: ausreden lassen, mehr zuhören als reden, viel nachfragen, Körpersignale beachten.[10]

Eine Anweisung aus den Exerzitien wird sicher in der Kraft, die sie für den Alltag hätte, unterschätzt: »disponerse«, wohl am besten mit »sich einstellen« zu übersetzen. Ignatius rät zu Beginn jeder Geistlichen Übung, bewusst die rechte Einstellung oder Haltung einzunehmen. An anderer Stelle wird deutlich, dass er das eigentlich vor jedem Gespräch für sinnvoll hält.

Halten Sie es für verrückt, wenn jemand sich abends auf dem Weg nach Hause überlegt, wie er oder sie sich fühlt, in welcher Verfassung der Partner wohl angetroffen wird und wie sich programmierte Bedürfnis-Kollisionen vermeiden lassen? Wer von zehn Stunden Sprech- oder Papierarbeit nach Hause kommt, für den ist die Bitte: »Lies das doch mal eben durch und sag was dazu« fast schon eine Kriegserklärung. Wer von einem langen Kurs und acht Stunden Bahnfahrt kommt, der braucht vielleicht als Wichtigstes einen Kuss, einen Espresso und ein Wannenbad, aber vielleicht läuft auch der Mund über von allem Erlebten. Man kann Wege von der Arbeit nach Hause auch nutzen, um sich für die eventuell lauernden familiären Katastrophenmeldungen zu wappnen. Sich auf die Begegnung bewusst einzustellen zeugt davon, dass wir den anderen ernst nehmen und achten – und auch uns selbst.

Übung

Als Übung zu diesem Kapitel schlagen wir Paaren vor, innerhalb eines für sie klassischen Feierabendgesprächs nach ungefähr 15 Minuten eine zehnminütige Besinnungspause einzuschalten, so dass jeder Partner Zeit hat, seinen eigenen Wahrnehmungen nachzusinnen.
Der Mann kann sich fragen:
Was habe ich gehört? Kritik? Arbeitsaufträge?
Habe auch ich etwas mitgeteilt? Was hätte meine Frau wohl gern von mir?
Was nervt? Wie hätte ich gern, dass das Gespräch weitergeht?
Die Frau kann sich fragen:
Was wollte ich erzählen und warum?
Was habe ich gehört und wahrgenommen? Was hätte mein Mann wohl gern von mir?
Was nervt? Wie hätte ich gern, dass das Gespräch weitergeht?
Der Austausch über das jeweils Wahrgenommene könnte interessant werden – geben Sie sich Zeit dafür.

5. Liebesspiele

Auf den ersten Blick ist das Unterfangen waghalsig, ignatianische Spiritualität auf ihren Beitrag zu ehelicher Sexualität abzuklopfen. Aber vielleicht stimmt das Ignatius-Wort auch hier: Gott ist in allem zu suchen und zu finden.

Zum wiederholten Mal: Ignatius schaut auf die Fakten. Sex ist naturgegeben und braucht keine Begründung. Er ist Merkmal der Schöpfung und einer der Gründe für die Ehe. Aber da geht es schon los mit Fragen: Männer seien gar nicht für die monogame Ehe geschaffen, wird behauptet. Sie seien von Natur aus daran interessiert, mit möglichst vielen Frauen in sexuellen Kontakt zu kommen, zur Verbreitung ihres Genoms. Nur die Frauen seien an Ehe interessiert, weil sie ja schließlich sicherstellen müssten, dass der Vater ihrer Kinder ihnen auch in den schwierigen Zeiten von Schwangerschaft und Aufzucht sichernd zur Seite stünde. Diese soziobiologische Sicht ist nicht nur amüsant. Sie würde tatsächlich eine Erklärung liefern, warum die männliche und die weibliche Sexualität so unterschiedlich sind, übrigens beileibe nicht nur beim Menschen. Denn auch das ist Tatsache und in jedem einschlägigen Handbuch nachzulesen: Die sexuelle Kontaktbereitschaft, der Verlauf sexueller Erregung und die Wahrnehmung des sexuellen Zusammenseins sind unterschiedlich. Darüber gibt es derbe Scherze:

Woran erkennt man, dass ein Mann zu einem Geschlechtsakt bereit ist? – Er atmet.

Männer reden mit Frauen, um mit ihnen schlafen zu

können. Frauen schlafen mit Männern, um mit ihnen reden zu können.

Er zu ihr: Na, wie war ich? Sie: Wie soll ich das nach zwei Minuten beurteilen?

Wie kann es gelingen, dass sich ein Paar trotzdem gut versteht, auch sexuell?

Der Kinsey-Report von 1948/1953, in dem das Sexualverhalten der nordamerikanischen Bevölkerung erfragt wurde, hat ganze Generationen beeinflusst. Heute ist die Frage erlaubt, ob die Studie nicht eher Phantasien als Verhalten abgebildet hat. Aber irgendwann entstand daraus die Norm, täglicher Geschlechtsverkehr sei üblich und weniger als zweimal die Woche therapiebedürftig. Diese Norm wird selten ausgesprochen, allenfalls in »Männermagazinen«, aber so ähnlich geistert sie durch viele Köpfe. Die Realität jedoch ist: Millionen von Menschen verzichten freiwillig auf jede praktizierte Sexualität und werden davon nicht krank. Millionen von Paaren müssen wegen Krankheit oder erloschenem Interesse einer Seite auf konventionell praktizierte Sexualität verzichten, und nur ein Bruchteil davon wählt die Trennung. Das Leid, das es dahinter vielfach gibt, sei nicht klein geredet. Aber viele Paare finden gute Wege, damit umzugehen. Zusammengefasst: Es gibt keine gültige Norm, es gibt nur eine gemeinsame Aufgabe der Gestaltung – die Wünsche des Gegenübers und die eigenen Wünsche zu achten, die sprachliche und nichtsprachliche Begegnung sorgsam zu pflegen. Jeder Kuss und jede zärtliche Berührung bringt die Zuneigung und Leidenschaft Gottes in die Welt – ob wir nun spüren, dass sie das Feuer Gottes abbildet oder nicht.

Wenn ein Paar immer wieder nach den sexuellen

Wünschen der und des anderen sucht und beide mit dem Ergebnis zufrieden sind, dann ist das gut so Allerdings ist gerade das oft nicht die Wirklichkeit. Hinter mühsamen Arrangements gibt es oft unausgesprochene Wünsche und Träume oder den Kummer über das Erkalten einer früheren leidenschaftlicheren Zeit. Es lohnt, sich immer wieder die Frage zu stellen: Bin ich wirklich zufrieden? Gibt es in mir doch Phantasien, die einen Mangel anzeigen? Das scheint uns wesentlich: Was da ist, und sei es als ungeordnete Sehnsucht, ist wichtig. Die Frage ist: Was drängt hier zum Leben, was will werden? Wie damit umzugehen ist, ist eine zweite Frage. Mancher Mangel kann durch eigene Kreativität und manche Not durch Beratung oder Therapie gelindert werden.
Die Werbung vereinfacht gerne, wenn es um erkaltete Lust geht: Es handle sich um Impotenz oder Frigidität. Dabei will die Industrie Medikamente, Stimuli oder Hilfsmittel vermarkten. Aber das ist eine grobe Verkürzung der Wirklichkeit. Wenn das Interesse eines Paares für erotisches Zusammensein nachlässt, dann liegt das oft einfach an einem harten Alltag: Nach fünfzehn Stunden Kindergeschrei oder Ärger im Beruf liegen die Nerven blank, und sexuelles Begehren ist keineswegs mehr selbstverständlich. Sind jedoch beide ausgeschlafen und weg vom üblichen Betrieb – zum Beispiel an einem zu zweit verbrachten Wochenende –, sieht die Welt oft ganz anders aus.
Zum anderen ist das erotische Interesse ein feiner Sensor für alle Belastungen der Beziehung. Wenn die Ehe in eine unerwünschte Richtung läuft, wenn unausgesprochene Erwartungen nicht erfüllt werden, wenn einer der Partner bei der Aufgabenverteilung immer wieder die Niete zieht, wenn Sorgen überhand neh-

men, dann schaltet unsere Natur als erstes den Eros zurück. Auch wenn eine wichtige, tief in die Seele reichende Lebensentscheidung ansteht oder eine neue Lebens-Phase sortiert werden will, dann ist der vorübergehende Rückgang erotischen Interesses ganz normal. Das ist ein kostbares Mess-Instrument. Umgekehrt gilt ähnliches: Wenn beide die sexuellen Kontakte wirklich erfreulich und befriedigend finden, dann muss das Grundgefühl beider im grünen Bereich liegen. Eventuelle Partnerschafts-Probleme werden einigermaßen lösbar sein.

Am Ende dieses Kapitels als Übung eine Ermutigung:

Wenn Sie das nächste Mal Zeit füreinander haben, gehen Sie Ihrer Lust aufeinander zunächst im Gespräch nach. Versuchen Sie zu spüren, ob die Stimmung und Situation dafür passt. Wenn ja, sagen Sie einander behutsam, was Sie sich »schon immer mal über Sex sagen wollten«. Die meisten von uns haben Wünsche, die nicht oder selten erfüllt werden, wilde oder zärtliche. Nicht jede sexuelle Phantasie verträgt es, ausgesprochen zu werden, aber manche in einer intimen Stunde eben doch. Sex kann von Kommunikation über Sex sehr gewinnen.
Wenn Sie gut ins Gespräch kommen, kann es sein, dass Sie nach vielen Ehejahren noch Überraschendes voneinander erfahren. Denn manches braucht viel Zeit und ein tief gegründetes Vertrauen, bis es ausgesprochen werden darf. Wenn die Beziehung Fundament hat, können sogar feste Gegenwartsnormen wie beispielsweise der Orgasmuszwang in Frage gestellt werden. Wir werden heute zum Glauben erzogen, dass je-

der Beischlaf ohne Orgasmus als schiefgegangen zu werten sei. Aber viele Paare entdecken, dass es mehr Freiheit bedeutet, wenn sie sich auch davon frei machen und nach Lust und Laune in der Situation schauen, was sie sich voneinander wirklich wünschen.

Experimentierfreude ist erlaubt, man muss ja nicht gleich das Kamasutra systematisch durcharbeiten. Riskieren Sie mal was Unvertrautes. Manche Paare spielen zuweilen ein reizvolles Spiel: Sie verabreden einen Ort und eine Zeit und tun am Treffpunkt so, als seien sie sich unbekannt. Wer ist das? Was zieht mich an? Wie nehme ich Kontakt auf? Sie haben als Paar alle Freiheit der Welt. Nur zwei Regeln sollten Sie beachten: Dritte haben dabei nichts verloren, auch wenn es das in den Phantasien vieler Menschen gibt. Sexualität wird in unserem Kulturkreis gefährlich und destruktiv, wenn sie die Zweierbeziehung überschreitet. Auf die Gründe kommen wir im nächsten Kapitel. Und Gewalt und Verletzungsgefahr sollten Sie zuverlässig ausschließen. Aggressives Herausfordern kann dagegen sehr anregen. Wenn Sie sich einen Korb holen, schauen Sie, wie Sie es erfolgreicher versuchen können. Seien Sie nicht vorschnell zufrieden. Vielleicht ist da noch sehr viel mehr drin an Lust und Leben. Der Wunsch nach »magis«, nach mehr, hat auch hier sein Recht.

6. Machtspiele

Vermutlich weiß niemand genau, woher der Kampf der Geschlechter kommt. In der griechischen Mythologie entstammt Eros einem Seitensprung zwischen der Liebesgöttin Aphrodite und dem Kriegsgott Ares. Eros und Ehe sind nach altem Menschheitswissen kein paradiesischer Ort des Werbens und Liebens, ohne Zank und Streit. Stattdessen scheinen Ehen eine Vorzugsheimat von Kränkung und Verletzung zu sein. Mord unter Eheleuten ist nicht eben selten. Da muss es um innerste und älteste Motive gehen. Sonst würden uns Geschichten wie die zwischen Brunhilde und Gunther im Nibelungenlied nicht immer noch bewegen und die unsäglichen Wortgefechte im Schauspiel »Wer hat Angst vor Virginia Woolf?« wären nicht zum Klassiker geworden.

Dieser Kampf um die Macht zwischen den Geschlechtern hat im Großen wie im Kleinen Ehen geprägt, über Jahrtausende hin. Die christlichen Kirchen haben bis ins 20. Jahrhundert hinein eine Ehekonzeption verfochten, die dem Mann eine klare Vormachtstellung zuweist. Von Augustinus und anderen Kirchenlehrern sind Sätze über die »Frau an sich« überliefert, für die wir uns heute schämen. Wen wundert es, dass manche Spielart der feministischen Bewegung in den letzten Jahrzehnten den Spieß umdreht und das Heil in der Macht des Weiblichen sucht, dabei allerdings zuweilen übersieht, dass sie das Thema nur variiert und nicht überwindet.

Welche Kraft spannt Eros und Macht, ja sogar Gewalt, so nah zusammen? Die Verschmelzung vollzieht sich ja nicht nur fernab, im Kriminellen, in Vergewaltigung, Gewaltpornographie oder Sexualmord. Wer einigermaßen entspannt auf sich selbst schaut, findet die Keime dieser unglückseligen Verschwisterung in jedem Eheallltag: Welche Ehefrau kennt nicht das nagende Gefühl der Unterlegenheit – die Launen und Prioritäten des Mannes hinnehmen zu müssen, weil sonst für die ganze Familie die Stimmung dahin ist; manchmal sogar das lähmende Gefühl, einfach benutzt oder ausgenutzt zu werden? Welcher Mann erlebt es nicht als Zurückweisung, wenn die Frau die Liebkosung hinnimmt, sich der sexuellen Vereinigung aber entzieht? Welcher Ehemann kennt nicht den inneren Seufzer der Erkenntnis, dass er soeben in eine Gesprächsfalle getappt ist, aus der es kein Entkommen gibt – der Abend ist unrettbar auf Vorwürfe und Beziehungskiste programmiert? Dabei wünschen sich die meisten Männer – wie der Kabarettist Horst Schroth[11] treffend witzelt – Beziehungsgespräche so dringend wie eine dritte Schulter.

Wer von uns hat beim Tagesrückblick (siehe Anhang) nicht schon feststellen müssen, dass es im Lauf des Tages schmerzhafte Kränkungen gab, erlittene oder ausgeteilte? Wer fand sich auf diese Weise nicht schon in der Rolle des Täters wie des Opfers?

Vielleicht ist dieses Rätsel um Liebe und Macht gar keines, sondern Macht spielt in Beziehungen einfach immer eine zentrale Rolle, und das eben um so mehr, je enger und dauernder und unbedingter die Beziehung ist. Vielleicht kommt aber noch ein Punkt hinzu: An keiner anderen Stelle unserer Person sind wir so verletzlich wie im Sexuellen, weil wir nirgends sonst so ungeschützt auf uns selbst gestellt und gleichzeitig so auf den anderen angewiesen sind. Viele Männer stößt es in tiefe Selbstzweifel – über die ein »wahrer Mann« natürlich kein Wort verliert –, wenn die Partnerin sich längere Zeit sexuell verweigert. Liebt sie mich nicht mehr? Bin ich nichts mehr wert? Bin ich nicht mehr ihr Einziger? Und schließlich: Wohin mit meiner Energie? Frauen, die etwas von Männern verstehen, wissen sehr genau um die Kraft dieses Machtmittels. Auch die Frauen werden durch nachlassendes sexuelles Interesse des Partners in Zweifel über sich selbst gestürzt: Bin ich nicht mehr attraktiv? Wann sucht er sich eine Jüngere? Die Angst der Frauen, nicht mehr begehrenswert zu sein, ernährt eine riesige Kosmetik- und Mode-Industrie. Und die häufig phantasiegeborene Angst vieler Männer, die Wünsche der Frauen nicht befriedigen zu können, sitzt so tief, dass gedruckte Männerphantasien und Potenzmittel-Werbung kulturübergreifend in Hochkonjunktur stehen.

Der enge Zusammenhang von Macht, Eros und Selbstwertgefühl könnte es sein, der Ehen so anfällig für Kämpfe macht. Wer sich ohnmächtig und wertlos fühlt, muss um Macht und Anerkennung kämpfen. Am billigsten geht das, indem man den anderen entmachtet und entwertet. Aber natürlich ist das eine Projektion, die an der Realität vorbeigeht. Oft genug ist ja der andere nicht der Urheber der Zweifel. Das Gefühl, zu kurz zu kommen, schleppen wir schon seit der Kindheit mit uns. Zum Menschsein gehört es wie Haut und Knochen. Aber die Überbringer der Botschaft sind oft die Partner, weshalb erst einmal sie die Schläge abkriegen. Damit verstärkt sich der Teufelskreis der gegenseitigen Entwertung.

Der tägliche Rückblick (siehe Anhang) ist eine besondere Fundgrube für diese Art Erlebnisse. Das ist auch gut so, denn sonst breiten ja die Forderungen unseres

Alltags allzu rasch die Decke des scheinbaren Vergessens darüber. Aber Kränkungen und Niederlagen bleiben unbewusst aktiv und suchen sich Anlässe zum Zurückschlagen. Der tägliche Blick auf die eigene Verfassung, ohne Bezichtigung, aber auch ohne Beschönigung, dient der Beziehung sehr. Wir sollten manchmal bewusst daran denken, wie viel uns unsere Ehe wert ist, und Entspannung für eine gute Idee und ein geeignetes Wort suchen, um das Gespräch am nächsten Tag wieder aufzunehmen. Bisweilen müssen wir jedoch zugeben, wie verstrickt wir noch in die eigene Verletzung sind, und den Herrn um Aufschub und Hilfe bitten. Wir können Gott danken, wenn wir wenigstens ihm zutrauen, dass er uns, mit oder ohne Macht, für wert und wichtig hält und unserer Ehe seinen Segen gegeben hat. Wir können auch einer Empfehlung aus dem Kinderbuch »Wenn Du meinst, lieber Gott«[12] folgen und Gott bitten, die Partnerin oder den Partner in der Zeit doppelt zu lieben, in der ich selbst es aus Verletzung und Wut nicht kann.

In all dem liegt natürlich eine große, gottgegebene Chance: Der Urzweifel an uns selbst kann durch nichts anderes mit einem solchen Befreiungsschlag und so gründlich geheilt werden wie durch eine Liebesbeziehung. Mir tritt ein Mensch entgegen, der sagt: So wie du bist, bist du mir recht. Ich gebe dir sogar meine verletzlichsten Stellen preis, seelisch und körperlich. Ich riskiere bei dir, mich bloßzustellen und Macht und Selbstdarstellung aufzugeben.

Wenn das in eine Ehe mündet, geht es noch weiter: Ich nehme dich an als Repräsentanten des anderen Geschlechts, als »meine Frau« und »meinen Mann«. Diese Zusage bedeutet nicht weniger, als dass ich meine Phantasien vom anderen Geschlecht und meine

Wünsche ans andere Geschlecht zunächst zu diesem Menschen bringe und versuche, sie in dieser Beziehung zum Leben zu bringen. Das bedeutet nicht, dass ich andere Menschen nicht schön oder interessant und attraktiv finde! Und es bedeutet leider auch nicht, dass ich alles Gesuchte in meiner Ehe im gewünschten Maß finde. Es bedeutet aber, dass diese eine Beziehung Vorrang hat. Das heißt auch: Ich biete dir Stabilität an und erwarte sie von dir, denn nur das hilft gegen meinen Urzweifel an meinem Wert und an meinen Fähigkeiten. Neben allem anderen geben wir einander in den dunklen Räumen von Angst und Selbstzweifel die Chance, nicht mehr ständig um unseren Wert Sorge haben zu müssen.

Das enttäuschte Vertrauen dürfte einer der Gründe sein, warum bei Trennung und Scheidung oft hemmungsloser Hass regiert. Wenn diese Zusage sich als brüchig erweist und die alte Angst als das scheinbar Stärkere hervortritt, dann tut sich ein Abgrund an Ent-Täuschung auf. Das ist wohl auch der Grund, warum Seitensprünge so verletzend und bedrohlich sind. Sie brechen die Zusage: Du bist »meine Frau« oder »mein Mann«. Seitensprünge reißen diese Übereinkunft nieder und hinterlassen tiefe Wunden. Sie sind in der Regel kein Zeichen reifer und freier Beziehungen, sondern häufig Unfälle und Symptome. Gefährlich sind sie, weil sie der oder dem Betrogenen – nicht zufällig ist diese Wortwahl immer noch üblich – an der Wurzel seines Selbstwerterlebens wehtun und der Beziehung ihr Fundament entziehen. Symptome sind sie meistens für tieferliegende Unstimmigkeit, Auskühlung oder einen verweigerten Entwicklungsschritt.

Es ist zwar selbstverständlich geworden, dass Frauen

einer bezahlten Berufstätigkeit nachgehen, aber es gibt in unseren Köpfen immer noch die Bilder des draußen kämpfenden Familienvaters und der zu Hause sorgenden Mutter. Viele der Hägar-Cartoons beziehen ihren Witz aus dieser Spannung. Diese Rollenverteilung hat, wie beschrieben, den größten Teil der Steinzeit geprägt, also eine halbe oder ganze Million Jahre unsere Gehirne geformt. Wahrscheinlich unterschätzen wir diese Einflüsse noch immer. Um nicht missverstanden zu werden: Wir plädieren nicht dafür, dass das so bleibt. Im Gegenteil, unser Frontalhirn gibt uns die Chance und die Verantwortung, das Tier in uns zu zähmen und die Dinge herauszufinden und zu tun, die richtig und gut sind. Für diesen Prozess des Entscheidens und Wählens sollten wir jedoch verstehen, warum er so viel Konfliktstoff enthält, trotz angeblich aufgeklärter Zeiten. Immer noch erwartet der Mann, dass die Frau sich um ein behagliches Nest für ihn kümmert. Immer noch teilen sich viele Ehen die Aufgaben nach der Trennlinie: Karrieren-Arbeit für den Mann – Familien-Arbeit für die Frau. Das darf so sein, wenn es freier Entschluss beider ist. Aber oft ist es das nicht. Sonst würden die Aufbrüche mancher Mütter, wenn sie sich nach jahrelanger Erziehungs-Arbeit wieder auf andere Wege machen, nicht auf so viel Unverständnis ihrer Männer stoßen. Der berufliche Wiedereinstieg der Frau, eine neue Außenorientierung nach der Zeit mit den Kleinkindern, ist immer noch einer der häufigsten Gründe für schwere Ehekrisen.

Ein guter Schritt in unserer Kultur wäre, Haushalts-, Erziehungs- und Beziehungs-Arbeit deutlicher anzuerkennen und wertzuschätzen. Sie sind wirklich kostbar und haben ja eigentlich nur den Makel, dass sie nicht bezahlt werden und dadurch minderwertig

scheinen. Aber sie sind nicht leichter und nicht anspruchsloser als die bezahlten Tätigkeiten.
Es gibt einen klaren, wenn auch schwierigen Weg, asymmetrische Machtverhältnisse in einer Ehe weniger wahrscheinlich zu machen: Beide erwerben eine solide Ausbildung in einem marktfähigen Brotberuf und achten darauf, dass die Chancen auf dem Arbeitsmarkt nicht verfallen. Das wird im 21. Jahrhundert nicht leichter, wo die Berufsbilder und die Entwicklung ganzer Wirtschaftszweige immer weniger vorhersehbar werden. Aber dadurch steigt die Chance, dass die Partnerschaft auf Dauer besteht, weil sie von beiden frei und nicht aus Angst oder Sachzwang gewollt ist. Abhängigkeit ist keine gute Basis für die Partnerschaft. Nur wenn sie frei gewählt wurde und spielerisch mit ihr umgegangen wird, kann sie schöpferisch und lustvoll erlebt werden. Wenn wir davon sprechen, dass zwei Menschen einander »brauchen«, dann zeigt dieses Wort das ganze Spektrum der Chancen und Gefahren.
Ein Missverständnis sei allerdings deutlich ausgeräumt: dass in den Ehen immer die Männer regieren. Rosmarie Welter-Enderlin[13], eine erfahrene Paar- und Familientherapeutin, hat dafür das treffende Begriffspaar vom »offiziellen Patriarchat und heimlichen Matriarchat« gefunden. Eine Redensart geht: »Der Mann ist das Haupt der Familie. Und die Frau ist der Hals. Der entscheidet, wohin der Kopf sich dreht.« Durch ihre emotionalen und kommunikativen Fähigkeiten haben Frauen in den Familien oft die Führungsposition. Die meisten Männer sind auf diesem Spielfeld etwa so kompetent wie ein Fußballer beim Baseball – er ahnt nach Jahren die Regeln, aber mitspielen kann er noch lange nicht. Das könnte wieder das

Steinzeit-Erbe sein: Für das Erkennen und Lösen von Störungen und Konflikten innerhalb der Sippe waren die Frauen zuständig. Die Männer waren ja unterwegs, um Mammuts zu jagen.
Der erste Schritt wird immer der Blick auf das sein, was die Gegenwart fordert. Das heißt: Natürlich kann ein Paar zunächst entscheiden, dass die Frau sich um Haus und Kinder kümmert. Aber das kann sich ändern. Eine neue Situation oder Entwicklung, neue oder wieder erwachende Bedürfnisse erfordern neue Entscheidungen. Ignatius ist für seine unbedingte Bereitschaft, die Konzepte der gegebenen Lage anzupassen, berühmt, ja berüchtigt. Man wirft ihm sogar vor, dass er einzig den Zweck über die Mittel entscheiden lasse. Aber das macht ihn und die ignatianische Spiritualität aus: der unbedingte Respekt vor der dynamischen Wirklichkeit und dem Leben, das sich Bahn brechen will. Die lebendige Beziehung zu Gott, zu sich selbst und zu den Menschen in der Umgebung steht über jeder starren Regel. Für die Bearbeitung und Bewältigung herausfordernder Ehekrisen ist diese Haltung keine schlechte Richtschnur; doch das ist ein eigenes Kapitel wert.

Vorher wieder eine Übung

Nehmen Sie eine ruhige gemeinsame Stunde und, wenn Sie mögen und dürfen, ein Glas Wein zu Hilfe. Legen Sie sich zunächst einzeln 20 Minuten lang im Stillen die Frage vor: Auf welchen Gebieten nehme ich meine Frau bzw. meinen Mann definitiv als mir überlegen wahr? Danach teilen Sie einander das Ergebnis mit. Er oder sie beginnt, der Partner hört gut und lange zu. Verzichten Sie auf Gegenrede. Dann kommt der andere dran. Wieder hören Sie gut und lange zu, antworten nichts, »verkosten« nur das Gesagte. Wenn Sie das noch nie gemacht haben sollten, dürfen Sie Überraschungen erwarten. Übrigens können Sie ruhig auf die andere Frage – wo Sie selbst sich dem anderen überlegen fühlen – verzichten, denn sie bringt deutlich weniger.

7. Streiten

Uns ist verdächtig, wenn in einer Ehe nicht gestritten wird. Es mag Ehen geben, die in so vollendeter Harmonie stehen, dass sie keine reibende Auseinandersetzung brauchen – wir kennen keine. Im Gegenteil: In den tragfähigsten Ehen, die wir kennen, fliegen die Fetzen, und das gar nicht selten. Wie sollte es anders sein? Eine Ehe gleicht in vielem einer Expedition in unbekanntes Land. Dauernd kommen von außen oder innen neue Fragen und Aufgaben. Wir müssen abstimmen, wer sich um die Reparatur der Waschmaschine kümmert und wer um den Haftpflicht-Versicherungsfall, wohin die Kinder zur Schule gehen und wie man mit ihren Launen umgeht, ob ein Hund ins Haus kommt und wie das nächste Urlaubsziel heißt. Selbst frischverliebte Gespanne kennen ihre Stolpersteine: Wo verbringen wir die Weihnachtstage? Und wenn die Antwort »zu zweit« lautet, dann bleibt die Frage nach der kulinarischen Gestaltung und nach dem Weihnachtsbaum. Wenn es also ständig Stoff für Entscheidungen gibt, können Meinungsverschiedenheiten nicht ausbleiben.

Etwas anderes kommt hinzu – ein Beispiel aus eigener Anschauung: Ein Jahr lang führten wir eine Wochenend-Ehe. Obwohl wir uns sehr auf das Wiedersehen freuten, gab es jeden Freitag und oft bis weit in den Samstag hinein Streit. Wir haben erst nach Monaten begriffen, dass es unsere Erwartungen aneinander waren, also unsere Vorfreude, die uns im Wege stand. Jeder von uns hatte sich sehr erfreuliche Vorstellungen vom Wochenende gemacht. Nur leider zeigten schon die er-

sten Minuten des Wiedersehens, dass diese erheblich voneinander abwichen.
Viele kennen das aus dem Urlaub. In den ersten Tagen der Ruhe treibt alles nach oben, was in den letzten Wochen nicht beredet und bearbeitet werden konnte, oft grundsätzliche Fragen und Zweifel, für die im Alltagsgewühl kein Raum war, oder Aufgeschobenes, das nach Bearbeitung ruft. Das trifft auf abgespannte, ruhebedürftige, geradezu friedenssüchtige Nervensysteme und ergibt so eine hochexplosive Mischung. Bei uns selbst bedeutet der erste Streit im Urlaub meistens, dass wir jetzt beide erholt genug sind, um mehr zu tun als zu schlafen, zu essen und zu schweigen. Wir erwarten unseren ersten Urlaubsstreit als unvermeidlich, provozieren ihn manchmal fast – wir müssen sowieso durch.
Wir halten also Streit oder besser: offenen Abgleich der Interessen für normal und gesund. Wir machen uns eher Sorgen, wenn wir eine Weile nicht richtig ins Gespräch über die anstehenden Fragen und Konflikte kommen, denn es gibt immer welche. Wenn nicht gestritten wird, dann ist meistens einem der Partner verwehrt oder verboten zu streiten, aus Angst, aus Erschöpfung oder aus resignierter chronischer Unterlegenheit.
Nach dem eingangs erläuterten Verständnis von ignatianischer Spiritualität kann und soll ich in meine Ehe alles einbringen, was wirklich ist, was mir wehtut, was mir missfällt, wo ich anderer Meinung bin. Mir ist von Gott ein Wert zugesprochen, als Frau wie als Mann, den ich nicht verleugnen muss. Wir sind beide von Gott gewollt und angenommen. In der Genesis steht im selben (!) Satz, dass Gott uns nach seinem Bild geschaffen hat und dass er uns als Mann und Frau ge-

schaffen hat. Diese Aussage ist stark. Vielleicht will sie sagen, dass die Kraft, die uns zueinander zieht, innerste göttliche Energie und den Beziehungswillen Gottes abbildet. Sie sagt auch, dass wir nebeneinander und nicht über- oder untereinander stehen und dass es richtig und wichtig ist, wenn wir dies voreinander und nötigenfalls auch gegeneinander vertreten.
Weiter im ignatianischen Blickwinkel: Was führt in die lebendige Beziehung hinein? Für das Streiten zeigen sich sofort ein paar klare Konsequenzen: Es dient der Beziehung nicht, ein Konfliktthema chronisch zu vermeiden. Wenn es wirklich zu heiß ist und sofort zu unüberbrückbaren Gräben führt, kann man immer noch die Hilfe erfahrener Dritter suchen, um ins Gespräch zu kommen. Wir selbst haben das oft getan.
Wenn ein konfliktbesetztes Thema ansteht, dann braucht das Gespräch einen guten Ort und eine gute Zeit. Das ist eine Binsenweisheit, gegen die aber ständig verstoßen wird. Beide Partner sollten einigermaßen ausgeschlafen sein und der Ort nicht mit negativen Erinnerungen behaftet. Wir haben dafür einen kleinen täglichen gemeinsamen Weg am Morgen, wo solch ein Thema zumindest angerissen und Gesprächsbedarf angemeldet werden kann. Für Grundsätzlicheres kennen wir eine nette Pizzeria – dem Team dort stünde längst ein kleiner Friedenspreis für das entspannende, lösungsfördernde Ambiente zu.
Ein emotionaler Ausbruch, der einen Streit eröffnet, sagt: Hier geht es um etwas Wichtiges, was mich wirklich berührt. Ich brauche Klärung. Und ich trau dir zu, mit mir die Lösung zu finden. Die Botschaft hinter dem Ausbruch lautet: Ich mag in diesem Streitpunkt hart und ätzend sein, aber ich stelle unsere Beziehung nicht in Frage. Ich beschimpfe dich, aber deshalb, weil

mir an unserer Beziehung liegt. Ich ringe mit dir, weil ich mit dir eine Lösung suche und mich gern mit dir entwickeln möchte. *Mit* dir!! Mit *dir*!! Auch wenn wir uns jetzt fetzen, halte ich es für wahrscheinlich, dass wir uns hinterher wieder gut sind. Leise biete ich dir das an. Im Grund sage ich: Ich streite nicht mit dir, weil ich böse bin und dich niedermachen möchte, sondern weil ich mit dir den besten Weg für unsere Ehe suche und jetzt keinen richtigeren Weg weiß als diesen. Wir glauben, dass solche – eigentlich lauteren – Gründe für Streit sehr viel häufiger sind als vermutet. Klassiker auf diesem Gebiet sind Autobahn-Zwiste von der Art: »Du fährst schon wieder im toten Winkel!« Dahinter steckt viel häufiger die Angst umeinander als die Rechthaberei. Und doch kommt es beim Anderen oft nur als ätzende Kritik an.

Bei Ignatius gibt es die klare Empfehlung: »die Aussage des anderen zu retten suchen«. Wir hören darin den Vorschlag, dem anderen zunächst eine gute Absicht zu unterstellen. Üben Sie das einmal; oder besser: Üben Sie es immer wieder. Wie stellt sich die Situation dar, wenn ich dem Wutausbruch meines Gegenübers unterstelle, Ausdruck eines kostbaren Bedürfnisses oder einer Not zu sein? Diese »Einstellung« ist in ihrer Wirkung kaum überbietbar: Sie fordert auf, zuzuhören und nachzufragen. Sie würdigt den anderen als den Überbringer einer konstruktiven und wichtigen Botschaft. Sie setzt neben etwas, das *vielleicht* negativ ist, etwas, das *auf jeden Fall* positiv ist. Sie entmachtet viele Keime von Missverständnissen. Sie zeigt die mögliche gemeinsame Richtung: Wenn wir voneinander gute Motive annehmen, was würde dann unser beider Wünsche und Bedürfnisse erfüllen?

Die Grundannahme ist, dass mein Streitpartner die

gleiche Richtung hat wie ich. Beide suchen wir letztlich Gottes Willen, auch wenn Wortwahl und Ton überhaupt nicht danach klingen. Diese Einsicht verändert den Blickwinkel sofort. Sie erlaubt manchmal mitten im Streit stille Stoßgebete, sei es: »Herrgott, hilf, das rennt in die falsche Richtung, mir geht's doch um etwas anderes!«, sei es: »Was soll ich tun? Ich möchte längst einlenken, aber dann versteht sie nie, wie schlimm dieser Punkt für mich ist. Bitte schick deinen Geist!« Solche Gebetsgedanken verändern oft die Situation, ob sie nun ausgesprochen oder nur im Stillen formuliert werden. Faustregel ist: Was ich beten kann, kann ich vermutlich irgendwann ansprechen.

Der Beziehung dient es sehr, beim Streiten bewährte Regeln einzuhalten. Gewalt ist tabu. Wenn das nicht zuverlässig klar ist, muss daran gearbeitet werden. Gott sei Dank stellen sich Beratungsstellen mehr und mehr darauf ein. An der Oberfläche ist das ein Problem der Männer, darunter sieht es aber oft anders aus. Gegenüber einer geschickt formulierenden und mit Gefühlen taktierenden Frau sind viele Männer hilflos und ohnmächtig (siehe das Kapitel »Machtspiele«).

Belastend kann es für die Beziehung sein, wenn einer beim Streiten das Weite sucht. Natürlich darf auch mal eine Tür zufliegen, und manchmal braucht es ein paar Stunden oder gar Tage Abstand. Aber wer geht, nimmt dem anderen erst einmal die Möglichkeit zur Kommunikation. Wir sollten uns bewusst machen, was dieser Schritt ist: ein wirksames Macht- und Drohmittel. Wer geht, spürt in der Regel, dass damit immer auch ein wenig das Beenden der Beziehung als Möglichkeit angedeutet wird. Weggehen entmachtet den anderen zumindest darin, dass ihr oder ihm die Möglichkeit

genommen wird, das Gespräch wieder aufzunehmen. Ein mitgenommenes – und eingeschaltetes! – Handy erhält so eine gewisse Bedeutung.
Wenn einer von beiden zeigt: Hier ist die Grenze, so kann das ausgesprochen erlösend sein. Das bringt Klarheit und kann bei beiden Rücksicht auf Wert und Würde schaffen. Als Spielart davon gibt es ein seltsames Ritual zwischen den Geschlechtern: Manche Frauen sagen offen, dass es für sie unerträglich ist, wenn der Mann endlos Geduld und Nachsicht aufbringt. Wenn ein Mann klar und deutlich zeigt, dass das Limit erreicht ist, dann bedeutet das für die Frau unter Umständen nicht, dass sie einen üblen Chauvi erwischt hat, sondern etwas Positives: Ich bin wichtig für ihn. Ich bin so wichtig für ihn, dass er durch mich die Contenance verliert. Dabei spielen Facetten eine Rolle, über die heute kaum politisch korrekt gesprochen werden kann: Auf rätselhafte Weise erlebt eine Frau ihre Macht über einen Mann und zugleich die Grenze dieser Macht, wenn sie ihn an die Grenzen seiner Ruhe bringt. Auf eine verrückte Weise versagen Männer, wenn sie nur gleichberechtigte Partner sein wollen und ihren Frauen diese Grenzziehung verweigern. Es scheint besser zu sein, wenn Männer sich diesen Herausforderungen stellen, in denen sie als Sieger gewünscht und gefordert sind, als wenn sie irgendwann »Zigaretten holen gehen«.
Gelingende Ehen entwickeln angeblich oft Rituale zur Beendigung von Streit. Sicher ist es wichtig, einen Streit nicht zu früh zu beenden. In manchen Situationen ist es sogar notwendig, tagelang klarzustellen und dem Partner zu zeigen, dass etwas tief greifend nicht in Ordnung ist. Aber irgendwann kommt der Zeitpunkt, an dem das Gespräch auf eine gute Weise wie-

der aufgenommen werden kann; diesen Punkt darf man nicht verpassen. Solche Rituale können gut zum Einsatz kommen, wenn einer der beiden merkt, dass der Streit sich im Kreis dreht oder nicht mehr nach vorne weist oder nur noch alte Platten wiederholt. Solch ein Ritual kann eine konkrete Geste sein – bei uns funktioniert zum Beispiel die Kindheitsmasche, dem anderen die Zunge herauszustrecken – oder ein Satz, der schon einmal eine wichtige Auseinandersetzung mit Gelächter beendet hat. Es muss natürlich kein eingespieltes Ritual sein. Vielleicht ergibt die Situation etwas ganz Unerwartetes, eine Spontaneinladung zum Essen etwa, weil man dort den Streit noch ein wenig verfeinern und kultivieren kann.
Die Bitte um Verzeihung kann wichtig und angemessen sein, aber sie ist nicht ganz ungefährlich. Unter Christen kann sie eine geschickte Waffe sein und wird oft früher eingesetzt als gut ist. Auch hier hilft »unterscheiden«: Welches Gefühl bewegt mich? Ist es das schlechte Gewissen, das ja oft ein unangemessenes Gefühl aus unserer Kinderzeit ist? Ist es meine Sehnsucht nach Harmonie? Muss ich vielleicht üben, nicht vorschnell um Verzeihung zu bitten? Oder bin ich wirklich im Unrecht und gebe meiner Wut und meiner Lust am Austeilen und Erniedrigen nach?
Mit Glück – und Gottes Segen – kann sich mit den Jahren Gelassenheit entwickeln. Nicht jeder Streit stellt gleich alles in Frage. Die Spielchen werden schneller durchschaut. Uns passiert es manchmal, dass wir uns mitten im Fauchen in die Augen sehen und anfangen zu lachen – und plötzlich ist klar, worum es eigentlich geht.

Wieder am Schluss eine Übung, diesmal eher eine Empfehlung für den nächsten Streit:

Wenn Sie sich das nächste Mal in die Wolle kriegen, versuchen Sie doch mal herauszufinden, ob es einen Punkt gibt, an dem das Vorbringen von Gefühlen und Wünschen, das authentische Fordern umkippt in Verletzung und Panzerung. Wann werden die Kern-Waffen ausgepackt? Gleich bei der Eröffnung oder später? Mögliche Kennsätze für diesen Moment sind: »Das hab' ich nicht nötig!«, »Was glaubst du, wen du vor dir hast?«, »Das lass' ich nicht mit mir machen!«. Dann ist die Ebene erreicht, auf der einer von beiden seine Würde oder seinen Wert verteidigen muss. Es geht dann nicht mehr um die Sache, und weiteres Streiten ist nicht mehr frei und erwachsen möglich. Wenn Sie hingebungsvoll streiten, ist es nicht ganz einfach, den notwendigen inneren Beobachter mitlaufen zu lassen. Aber darin liegt die Chance: Wenn Sie ein wenig Distanz zu Ihrem Ausbruch bekommen, können Sie Gefühl *und* Verstand gleichzeitig betreiben. Es kann sich lohnen: Vielleicht finden Sie dabei einige Grenzsteine Ihrer Ehe, an denen Sie achtsam sein müssen, an denen aber vielleicht auch interessantes Neuland beginnt.

8. Krisen

Natürlich findet das »verflixte siebte Jahr« nicht im siebten Jahr einer Ehe statt. Dennoch enthält diese Redewendung eine Wahrheit: Nach einigen Jahren gibt es in fast jeder Ehe eine herausfordernde Aufgabe, nämlich die, von Lyrik auf Prosa umzusatteln. Das wurde schon unter »Nähe und Distanz« erörtert. Wirklich kritisch wird diese Phase besonders in zwei Fällen.

Der erste Fall tritt ein, wenn einer der Partner unreif genug ist, den Verlust des alles überdeckenden Schwärmens, die Entthronung der vergötterten Partnerin oder des angebeteten Mannes als Katastrophe zu erleben. Er oder sie verweigert sich damit der Reifungsaufgabe, mit realistischem Blick Illusionen aufzugeben. Wenn dieser Schritt misslingt, gibt es nur die Alternative, sich einen neuen Schwarm zu suchen, weil nur im Hochgefühl der neuen Eroberung die Illusion durchzuhalten ist. In diesem Fall wird als Wiederholungszwang eine Eroberung der anderen folgen und der Kater ist so hundertprozentig programmiert, dass es zum Erbarmen ist.

Der zweite problematische Fall ist, dass ein Paar sich in dem allmählich auftretenden Wirrwarr von Missverständnissen, Kommunikationsfehlern und Distanzierungen immer weiter verstrickt, so dass eine Verletzung die andere beantwortet, bis aus der Beziehung ein Scherbenhaufen geworden ist. Hier kann es eigentlich nur eine Empfehlung geben: Ein Paar in solcher Situation braucht die Hilfe erfahrener Berater oder Beraterinnen, damit die Beziehung nicht komplett zerstört wird, sondern in Ruhe geschaut werden kann, ob das Fundament nicht doch noch trägt. Das Ringen umeinander, die Suche nach dem anderen ist ja oft erhalten geblieben und unübersehbar, aber aus der zärtlichen Liebkosung sind Schläge geworden, meist verbale, manchmal leider auch körperliche.

Möglicherweise wird dann offen gelegt, dass diese Ehe wirklich ein Irrtum war. Die Gegensätze erweisen sich als unüberbrückbar, die Vorstellungen stehen einander diametral gegenüber. Vielleicht enttarnen sich Charaktereigenheiten erst allmählich, oder eine der Herkunftsfamilien diktiert die Spielregeln bis ins Ehebett hinein und lässt keine eigenen Entwicklungsräume zu. Dann kann eine Trennung als einzig sinnvoller Weg erscheinen. Das gibt es, und es ist sinnlos, solche Situationen zu beschönigen. Aber es lohnt sich, mit erfahrenen und unparteiischen Dritten zu schauen, ob es wirklich so ist. Denn ein Paar, das sich in solcher Situation nicht spontan getrennt hat, darf zumindest annehmen, dass es weiterhin ein tief gegründetes Interesse aneinander gibt. Die Kunst wird darin bestehen, einen Anfang für den Blick auf das gemeinsame Fundament und für das Entwickeln realistischer Zukunftsmöglichkeiten zu finden. Wir möchten zu dieser Art der Suche nach Hilfe ausdrücklich ermutigen. Unsere eigene Ehe gilt als relativ belastbar, wenn auch nicht immer harmonisch, und wir haben dennoch über viele Jahre immer wieder den Rat erfahrener Helfer gesucht, auch professioneller Psychologen und Seelsorger mit Erfahrung in Eheberatung. Wir glauben ernsthaft, dass die Suche nach Hilfe kein Makel ist, sondern ein Zeichen von Realitätssinn.

Besonders notwendig ist diese Hilfe dann, wenn die Ehe an den Tag bringt, dass der Alltag, die Kommunikation, das sexuelle Zusammensein durch »alte« seelische Verwundungen belastet wird. Nicht wenige unserer Mitmenschen haben kindliche Gewalt- oder Missbrauchserfahrungen. Damit ist nicht die erzieherische Ohrfeige gemeint, sondern das Klima aus Desinteresse, Gefühlsduselei und Regellosigkeit, in dem Sucht, Prügel und sexueller Missbrauch gedeihen. Die Folgen brauchen oft jahrelange Aufarbeitung durch Psychotherapie und große Behutsamkeit in der ehelichen Beziehung, damit Heilung nicht verhindert wird.

In der Paar- und Familientherapie können auch die weniger schweren »Rucksäcke« in Arbeit genommen werden, also belastende Aufträge und Regeln, die uns – meist unbewusst – von unseren Herkunftsfamilien mitgegeben wurden. In unserem Bekanntenkreis hatte ein Mann den elterlichen Betrieb übernommen. Er sollte alles übernehmen und erhalten, aber selbstverständlich nach den Regeln der Eltern und der älteren Geschwister. Einige mögliche Bräute kamen, sahen und flohen. Die Kandidatin, die diese Situation auf sich nehmen will, braucht Standvermögen, ein großes Konfliktrepertoire, jede Menge Liebe und das unbedingte Bekenntnis ihres Mannes zur Beziehung, selbst gegen seine eigenen Eltern. Sonst wird es schief gehen.

Im Lauf unserer Ehe durften wir einige befreiende Einsichten über unlösbare Aufgaben gewinnen, die uns von unseren Herkunftsfamilien mitgegeben schienen. Schließlich stellte sich heraus, dass kein Mensch sie wirklich von uns erwartete. Aber die Spielregeln, die unsere Kinderseelen von unseren Sippen übernommen hatten, mussten zuerst entschlüsselt werden. Das kann zum Beispiel über sogenannte Familienaufstellungen geschehen. Man kann aber auch sorgfältig die soziologischen Fakten in den Geschichten der Herkunftsfamilien analysieren und ergründen, welche Normen und Haltungen dort üblich waren[14]. Das bringt oft ganz erstaunliche Zusammenhänge ans Licht[15].

Natürlich können auch christliche Ehen scheitern und an einen nach menschlichem Ermessen nicht rettbaren Punkt gelangen. Wenn eine Beziehung die Entfaltung eines der Partner anhaltend (!) unmöglich macht, dann können wir uns nicht vorstellen, dass der Gott des Lebendigen eine Trennung nicht verzeiht und mitgeht.

Als ob es damit nicht genug wäre, bringt ja auch die spirituelle Entwicklung selbst Krisen mit sich: Wenn zwei Menschen in einer Ehe sich auf den Weg machen herauszufinden, welche Pläne Gott mit ihnen hat, so verläuft das nicht reibungslos. Risiken sind unvermeidlich. Im Exerzitienprozess sind Wandlungskrisen ja geradezu der Ausdruck des Wachstums, das wir suchen. Gott nimmt jeden Einzelnen von uns ernst, mit seinen Strickmustern und Bedürfnissen. Je mehr wir uns auf einen geistlichen Weg einlassen, je mehr auf diesem Weg Gott von uns Besitz ergreift, desto mehr geben wir unsere Selbststeuerung aus der Hand, und desto wahrscheinlicher wird für den einen Partner etwas wichtig, das für den anderen nicht wichtig ist oder zumindest jetzt nicht und so nicht. Manchmal stellt sich einer der Partner mit großem Nachdruck und aus tiefer Sehnsucht seinem Wunsch nach geistlichem Wachstum und der andere Partner kann diesen Weg nicht mitgehen, aus welchen Gründen auch immer. Das kann dazu führen, dass ein Partner den anderen als zunehmend unverständlich, abgedreht, bigott und seltsam erlebt und immer größeres Misstrauen gegen die

Personen und Kreise aufbaut, die diese Entwicklung fördern. Es kann zu Einschätzungen kommen, die Partnerin lebe erotische Phantasien aus oder der Partner sei einer Sekte verfallen oder habe gar den Verstand verloren. Dies gibt es in bedauerlichen Ausnahmefällen auch wirklich. Viel häufiger und eigentlich der Normalfall ist, dass zwei Ehepartner irgendwann schmerzlich lernen müssen, dass der Weg geistlicher Entwicklung ein höchst persönlicher ist, der nur zu kleinen Teilen überhaupt ausgesprochen und kommuniziert werden kann.

An den entscheidenden Punkten der persönlichen Begegnung zwischen Mensch und Gott, in den Situationen der intimsten Berührung durch den Ewigen ist jeder von uns allein. Das gilt auch für die harmonischste Zweierbeziehung. Anders formuliert: Wenn ein Ehepaar weite Strecken des geistlichen Weges gemeinsam zurücklegen darf, so ist das ein Geschenk, für das es sich jeden Tag zu danken lohnt. Aber das Erlebnis, dass die innersten spirituellen Dinge letztlich nicht mitteilbar sind, mindert die Liebe nicht. Es weist eher auf eine neue Qualität von Liebe hin. Aus dieser Art von Krise kann ein tiefes Verständnis füreinander und eben auch für die Grenzen von Zweisamkeit erwachsen. Fast scheint es einen Zusammenhang zu geben: Je härter ein Paar sich dieser Wirklichkeit stellen musste, um so freier und gelassener kann der weitere Weg verlaufen und um so überzeugender kann dieses Paar anderen in Krisen beistehen.

Es gibt das Wort von der »Ungleichzeitigkeit« spiritueller Entwicklung. Dieses Wort beschönigt die Herausforderungen, die der spirituelle Weg für ein Ehepaar bereithalten kann. Wenn wesentliche Entwicklungsschritte nicht diametral auseinander laufen, sondern nur »ungleichzeitig«, also zeitlich versetzt stattfinden, so ist das eigentlich schon ein Grund zum Danken und Feiern. Versuche zu messen, sie oder er sei im geistlichen Weg schon weiter, führen zu nichts. Wenn Gott Entwicklung schenkt, dann taugen unsere menschlichen Maßstäbe nicht mehr. Trotzdem werden solche Herausforderungen für eine Beziehung strapaziöse Jahre bedeuten. Ein scheinbarer Aufbruch in größere Tiefen kann sich ja nach gründlicher Prüfung durchaus als »Versuchung im Gewand des Guten« erweisen. Manchmal braucht es Jahre, bis wir einigermaßen herausfinden, was Gott von uns will, und scheinbare Irrwege sind nicht selten. Wir selbst haben in solchen Zeiten außerordentlich schätzen gelernt, um das vertrauensvolle und ergebnisoffene (!) Gebet anderer für uns zu wissen. Und wir wurden mit den Jahren immer freier, Gott zu bitten, Seine Zusage an unsere Ehe einzulösen – wenn die Ehe ein Sakrament ist, dann bedeutet das, so hoffen wir, auch Gottes besonderen Schutz. Auch spirituell gewachsene Ehen sind nicht vor dem Scheitern gefeit. Es kann viel passieren, in jegliche Richtung.

Übung

Reservieren Sie ein Wochenende dafür, gemeinsam Ihrer spirituellen Entwicklung nachzugehen. Wenn Sie sich auch nur ein wenig für Musik interessieren, eröffnen Sie die gemeinsame Zeit damit, dass Sie sich die »Zauberflöte« von Mozart anhören, die volle Fassung, mit Textbuch möglichst, am schönsten natürlich in der Oper, wenn das geographisch und finanziell geht. Aber eine LP oder CD wird es auch tun. Die Zauberflöte eignet sich deswegen so gut, weil sie so viele zugängliche Identifikationsmöglichkeiten anbietet. Wenn Sie Oper oder Mozart gar nicht mögen, machen Sie sich am besten selbst auf die Suche nach einer Alternative – schon, wo und wie und was Sie suchen, kann Ihnen viel über Ihre gegenwärtige Bedürfnislage verraten.

Legen Sie sich folgende Fragen vor:

Welche Figur verkörpert am besten die Rolle, in der ich mich als Frau, als Mann zur Zeit fühle? Warum?

Welche andere Rolle würde ich gerne ausprobieren? Wie möchte ich sie erarbeiten und weiter entwickeln? Warum?

Geben Sie sich Zeit zum Austausch, wenigstens eine Stunde.

Am nächsten Tag gehen Sie einen Schritt weiter und stellen sich – jeder für sich – in einer stillen halben Stunde folgende Fragen:

Habe ich in meiner Ehe schon Befreiung und Erlösung erlebt? Welche neuen Rollen und neuen Möglichkeiten meiner Person habe ich entdeckt?

Hat mir das meine Partnerin, mein Partner ermöglicht? Oder Gott? Oder beide?

Spüre ich etwas, wovon ich noch befreit werden möchte?

Geben Sie sich wieder Zeit zum Austausch, soviel Sie mögen und soviel Ihnen gut tut, zum Beispiel auf einem Spaziergang.

9. Ungewollt kinderlos

Wir kennen viele ungewollt kinderlose Paare und sind selbst eines. Jede fünfte Ehe soll in Deutschland mittlerweile ungewollt kinderlos sein. Gemeint sind 20% aller Ehen, nicht 20% der kinderlosen Ehen. Die meisten dieser Ehen gehen damit still, fast lautlos um. Manche finden, oft unter großen Mühen, doch zur Erfüllung ihrer Träume, durch medizinische Eingriffe wie »In-vitro-Fertilisation« oder durch Adoption.

Für uns selbst war klar gewesen, dass eine ganze Schar Kinder das Rechte sei, denn wir sind mit jeweils drei Geschwistern aufgewachsen. Aber nach einiger Zeit wurde immer offensichtlicher, dass es damit nichts werden würde. Dann kamen Untersuchungen und Befunde. Seither wissen wir, wie schwer es einem Paar sein kann, etwas wirklich Wichtiges, etwas wirklich Belastendes miteinander zu besprechen. Es hat lange gedauert, überhaupt einen gemeinsamen Takt des Bearbeitens zu finden. Wir haben Jahre gebraucht, bis wir darüber wirklich reden konnten, und den Begleitern dieser Zeit sind wir bis heute dankbar.

Das ist die schwerste Zeit. Denn häufig wird ja aufgedeckt, woran es liegt. Dann muss einer von beiden damit umgehen, dass er oder sie sich den Lebenstraum am ehesten durch »Auswechseln« des Partners oder der Partnerin erfüllen könnte. Und der oder die andere hat gleich mehrfach schwere Not: Das Entsetzen über die eigene Unfruchtbarkeit und Behinderung wäre schon schlimm genug. Dazu kommt aber noch die Not damit, der Partnerin oder dem Partner den Lebenstraum nicht erfüllen zu können, und oft – mehr oder weniger bewusst – die Angst davor, was denn der geliebte Mensch daraus macht. Wenn ein Paar in solcher Situation nicht sprachlos wird, ist das eine große Gnade.

Uns hätte eine Zeit des Klagens vielleicht geholfen, aber sie kam erst spät und punktuell. Auch die Frage: »Warum, Herr, hast du uns Kinder versagt?« haben wir so eigentlich nicht gestellt. Wir bekamen trotzdem allmählich eine Antwort: Gott hat uns nichts versagt. Niemand hat uns einen Rosengarten versprochen. Nichts von den großen Geschenken wie Gesundheit, Schaffenskraft, Partnerschaft, Nachwuchs ist garantiert. Dass ein großer Teil der Welt Fortpflanzung für selbstverständlich hält, ist ein Irrtum, eine Form von Blindheit.

Natürlich kamen zuerst die Fragen nach medizinischen Möglichkeiten und nach Adoption. Wir würden auch heute den gleichen Weg wählen und empfehlen, den wir damals gewählt haben: gründliche, sachliche Information über die Gründe und Möglichkeiten mit erfahrenen Ärzten und später mit erfahrenen Begleitern von Adoptivfamilien. Das ist auch rückblickend wichtig, damit sich nicht zwanzig Jahre später das Gefühl einstellt, nicht genug hingeschaut oder das Falsche gewählt oder zu früh verzichtet zu haben. Wir wollen und können hier nicht auf die vielen möglichen Gründe für ausbleibenden Nachwuchs eingehen. Aber wenn einem Paar das Thema wichtig ist, raten wir dringend, der Frage guten Raum und viel Zeit zu geben. Eine gute Entscheidung braucht Zeit.

Wir kennen Paare, für die es richtig war, die Ochsentour der Medizin auf sich zu nehmen, selbst wenn sie am Ende nicht zu einer Schwangerschaft führte. Die Erfolgsraten liegen ja immer noch unter 50%. Über das, was der Beischlaf nach Terminkalender, die Eingriffe, das Masturbieren in Labortoiletten, die Nebenwirkungen der Hormonpräparate, das Warten und Bangen und das wiederkehrende Enttäuscht-Werden an Belastungen bedeutet, hört man wenig. Vielleicht ist es gut so.

Wir kennen andere, die durch »In-vitro-Fertilisation« oder andere medizinische Hilfen zu Kindern gekommen sind. Die meisten davon sind ganz glücklich. Und wir kennen Adoptiveltern, von denen die meisten wohl diesen Weg wieder wählen würden, obwohl einige offen sagen, dass sie die Mühen und Probleme unterschätzt hatten, die es zu bestehen galt.

Wir selber haben uns nach langem Abwägen aus verschiedenen Gründen entschieden, nichts zu unternehmen. Dazu gehörte sicherlich auch eine Art Vertrauen darauf, dass der Sinn unseres Lebens nicht von dieser Frage abhängen wird. Wir waren nicht die Ersten und werden nicht die Letzten sein, die damit umgehen müssen, dass eben nicht alles geht und wir an eine Grenze gestoßen sind. Unsere Väter kamen gezeichnet aus dem Krieg zurück, einer sogar ohne seinen rechten Arm. Auch sie mussten ihre Lebensplanung völlig umwerfen. Ein wenig schwang schon damals die Hoffnung mit, der Herrgott werde uns damit schon nicht hängen lassen und vielleicht andere Wege zeigen. Wir konnten hoffen, Gott werde mitgehen und nicht aufhören, da zu sein.

Aber noch einmal deutlich: Eigene Nachkommen zu haben gehört zu den grundlegendsten Lebensvollzügen. Mutter- und Vaterfreuden gehören, soweit wir das einschätzen können, zu den größten Geschenken, die dieses Leben überhaupt bereithält. Kaum etwas ist in der Bibel so unumstritten gottgewollt und bejaht wie dieses. Denken Sie nur an die ergreifende Geschichte von Sara und Abraham. Wir sind deshalb dem Priester und Arzt bis heute dankbar, der uns damals klar geraten hat, alles Medizinische zu versuchen, obwohl wir uns am Ende anders entschieden. Wenn Sie sich dafür entscheiden, auf eigene Kinder zu verzichten, sollten Sie möglichst genau wissen, was Sie tun.

Auch wenn sie vernarbt, bleibt ungewollte Kinderlosigkeit auf Dauer eine schmerzhafte Wunde. Wir haben im Freundeskreis einige Paare in gleicher Lage. Wir teilen viele Interessen und lachen viel miteinander, aber dieser eine Punkt wird immer noch sorgsam behandelt. Es gibt gelegentlich eine kurze Verständigung in zwei, drei Sätzen darüber, wie es damit geht, sehr sachlich, und damit ist es gut. Den vielen Eltern im Freundeskreis waren wir zeitweise sehr dankbar, dass sie nicht in dem Thema herumfragten. Es ist gut, dass sie unsere Trauer einfach mit uns ertrugen.

Wir haben nie erlebt, dass wir ausgegrenzt oder belächelt wurden. Uns wurde es nie schwer gemacht, uns in Pfarrgemeinden zu engagieren, mitten unter lebhaften kinderreichen Familien, im Gegenteil. Das soll anderen schon anders gegangen sein. Dann tut es doppelt weh, weil der Mangel und der Makel ohnehin nagen. Wir mussten uns auch fast nie gegen den Vorwurf verteidigen, wir trügen als Kinderlose nichts zum Gemeinwesen bei – wir haben allerdings früh begonnen, offen und einfach zu sagen, dass unsere Kinderlosigkeit nicht gewollt ist. Es reicht in der Regel, auf die Frage: »Haben Sie Kinder?« zu antworten: »Leider nein.« Kaum jemand missachtet dieses Signal. Ein einziges Mal war jemand so taktlos, zu fragen: »Und, an wem liegt es denn nun?« Die Antwort war und würde wieder sein: »Selbst wenn wir es wissen, geht Sie das nichts an.«

Etwas haben wir sehr schätzen gelernt: das zwanglose Angebot von Freunden, den Schatz, den sie in ihren Kindern haben, auf die eine oder andere Weise mit uns zu teilen. Das ist uns vielfach durch Einladungen zu den klassischen Familienfesten wie Weihnachten und Ostern geschehen oder durch die Einladung, Tauf- oder Firmpate zu werden. Die ältesten unserer zehn Patenkinder sind mittlerweile erwachsen, und wir haben mit den meisten guten Kontakt und viel Freude. Das ist kostbar.

Mit einer befreundeten Familie haben wir über Jahre so etwas wie ein Abkommen gepflegt: Wir trafen uns einmal im Jahr für ein paar Tage. Durch die unterschiedliche Situation ermöglichten wir uns gegenseitig – teils amüsiert, teils ernsthaft – einen veränderten Blick: Die Freunde, Eltern von vier Kindern, hörten von uns, dass wir gerne einige ihrer Probleme gehabt hätten, und wir sahen, wie viel Einschränkung und Mühen Kinder bedeuten, auch wenn sie gut geraten sind. Alle vier konnten wir auch das Privilegierte an unserer jeweiligen Situation wahrnehmen. Am Ende ging es allen mit ihren Päckchen meistens ganz gut.

Obwohl es nicht leicht ist, sich öffentlich so weit auszusetzen, nehmen wir dieses Thema in dieses Bändchen auf, und zwar aus drei Gründen: Erstens betrifft es keine Randgruppe, sondern viele, die überdies wenig darüber reden können. Zweitens hat es sich für unseren Lebensweg und unsere Ehe als so bedeutsam erwiesen, dass wir gar nicht daran vorbei kommen. Drittens können wir an diesem Thema einiges zum Thema Spiritualität in der Ehe veranschaulichen, was uns wichtig geworden ist.

Was ist bisher daraus geworden? Wir trauern nur noch selten, und wenn doch, so gibt es ganz gute Wege, da-

mit umzugehen. Dann besuchen wir Freunde, manchmal mit Kindern. Oder wir gönnen uns einen Abend der Emotionen. Das Aussprechen dessen, was uns plagt, führt ja nicht in einen Sumpf, sondern viel häufiger zu guter und intensiver Nähe.
Viel wichtiger ist uns jedoch geworden: Wir haben mit den Jahren anderes gefunden, das wir als Fruchtbarkeit wahrnehmen. Was andere an uns als Stärken wahrgenommen und uns rückgemeldet haben, das haben wir versucht zu üben und auszubauen. Wir verausgaben uns beruflich, geben Kurse, moderieren Treffen, begleiten Menschen und Gruppen und sind in allerlei Gremien aktiv. Wir sind beruflich und ehrenamtlich an sehr vielen Wochenenden unterwegs, was mit einer Familie nicht vereinbar wäre. Das meiste davon tun wir ohne den anderen, dennoch haben wir Freude daran. Wenn uns Menschen verschlüsselt oder offen mitteilen, dass ihnen unsere Beiträge Hilfe oder Ermutigung sind, dann ist das unsere Art Mutter- und Vaterglück, das uns motiviert und gut tut und Freude aneinander gibt, weil wir sehen, was der und dem anderen zuwächst und gelingt. Gott und das Leben sind uns durch unseren Verzicht nicht ferner geworden. Ob er ernst genommen hat, dass wir das Problem auf ihn geworfen haben? Ignatius empfiehlt das ja. Er schlägt dieses »Alles-von-Gott-erwarten« auf eine so radikale Weise vor, dass man Schwindel bekommt. Aber in den wenigen Punkten, wo wir es, sehend oder nicht, so versuchten, erwuchsen uns tatsächlich große Geschenke daraus.
Ein befreundetes Paar ist einen anderen, aber in manchem ähnlichen Weg gegangen. Für sie war die Suche nach einem guten gemeinsamen Weg ohne Kinder ebenfalls nur im Stillen zu spüren, aber über Jahre. Die

Antwort fand sich neben gemeinsamen beruflichen Projekten in einem wunderbaren Hobby, dem Tangotanzen. Das führt die Beziehung zusammen, durch viel gemeinsam verbrachte Zeit, gemeinsame Erlebnisse, auch auf Reisen, aber natürlich auch durch die gerahmte Form, spielerisch mit Nähe und Distanz umzugehen, Emotion und Leidenschaft in jede Richtung auszuprobieren und miteinander zu wachsen. So wandelt sich die Realität der Kinderlosigkeit in eine Chance. Eltern mit kleinen Kindern wäre ein solches Steckenpferd nicht möglich. So kann aus der Not eine Freude werden.

Übung

Nehmen Sie sich eine halbe Stunde Ruhe, zum Beispiel in Ihrer täglichen stillen Zeit. Wählen Sie keinen Tag, an dem Sie Höchstleistung bringen müssen. Am besten wäre ein freier Tag. Legen Sie sich die folgenden Fragen vor:
Gibt es in Ihrem Leben ein wichtiges Ziel, das sich nicht erfüllt hat? Helfen kann, wenn Sie dabei ignatianisch den drei Schritten Wahrnehmen – Unterscheiden – Entscheiden folgen:
– Wann und wie wurde Ihnen das Problem klar?
– Wie haben Sie Kriterien gesucht und gefunden, damit umzugehen?
– Welche Konsequenzen haben Sie schließlich auf sich genommen oder gewählt?

Gibt es einen Lebenstraum, den Sie Gott anvertrauen möchten, damit er ihn auf seine Weise erfüllen oder verwandeln kann?
Bitten Sie ihn darum, so deutlich wie Sie können.

10. Visionen?

Alle Welt redet von Visionen. Jeder Yoghurt- und Waschmittelhersteller scheint welche zu haben. Das Wort ist abgenutzt, aber es meint natürlich etwas Wichtiges: Was ist mein und unser Ziel, mein und unser »Stern«?

Ignatius hat von mehreren »klassischen« Visionen berichtet: szenischen, bildhaften inneren Erlebnissen, die eine solche Kraft entwickelten, dass sie sein ganzes Leben veränderten. Er scheint daraus gefolgert zu haben, dass er alle – und er meint wohl wirklich alle – seine Kräfte und Fähigkeiten Gott zur Verfügung stellen soll und will. Ignatius meinte das durchaus kämpferisch, ja militärisch, wie sein Werdegang als höfische Führungskraft nahe legt. Uns mögen diese Bilder fremd geworden sein, aber ob sie deswegen falsch sind? Die Radikalität und Risikobereitschaft, mit der ein Soldat auf Befehl sein Leben einzusetzen hat, taugt auf den ersten Blick nicht als Bild für spirituelle Entwicklung. Auf den zweiten Blick ist aber seine kraftvolle Botschaft nicht zu leugnen: Wir werden dem Guten nicht dienen können, wenn wir nicht bereit sind, Ängste zu überwinden, Niederlage und Verletzung, ja auch Schuld zu riskieren und harte und klare Begrenzungen durchzusetzen, freilich ohne Hass und Tötungsabsicht. Sonst würden wir ja schon wieder dem falschen Herren dienen.

Das »Prinzip und Fundament« der Geistlichen Übungen ist nicht lang (siehe Anhang), eigentlich eher eine sachliche und klare Feststellung, die aber unser Ziel genau umreißt. Das sogenannte Vorbereitungsgebet (ebenfalls im Anhang) für die Geistlichen Übungen drückt Ähnliches aus und ist gerade wegen seiner klaren Einfachheit so anspruchsvoll. Nach der ignatianischen Spiritualität ist unser Auftrag völlig klar: dem Willen Gottes – soweit wir ihn erkennen können –, seiner Liebe und dem Guten in uns und in unserer Welt Raum zu schaffen – soweit wir es vermögen; nicht mehr, aber auch nicht weniger.

Wird deutlich, warum dieser Gedanke in einem Büchlein über die Ehe steht? Weil alles andere, auch in einer Ehe, sich an ihm messen lassen muss. Was dient dem Guten und »der Liebe«? Wenn diese Frage ständig ernsthaft aktualisiert wird, können so »normale« Dinge wie treuer Broterwerb, das Versorgen der Kinder, Blumen für die Frau zu kaufen, Kaffee zu kochen, Freiräume füreinander zu schaffen, Freundschaften zu pflegen, die Sorge um Gesundheit und Ausbildung, der Sport und das Spiel, die Suche nach guten Büchern und nach einer befriedigenden, vielleicht sogar beglückenden Sexualität usw. ihre Ausrichtung bekommen.

Die eigentliche Entfaltung findet eine Ehe nach dieser Auffassung dann, wenn sie in freier Entscheidung Aufgaben übernimmt, für die die Partner begabt sind und für die sich Bedarf zeigt. Anders gesagt: Auch für eine Ehe ergibt sich immer wieder die Frage, in welchen Teil des Weinbergs Gott sie sendet. Das kann durchaus bedeuten, dass beide Partner auf sehr unterschiedlichen Feldern aktiv sind und dort ihre Frucht bringen. Diese kann das Erziehen von Kindern oder eine ganz andere Form von »Generativität« sein. Dieses öffnende Wort verwendet Erik Erikson[16] in seinem entwicklungspsychologischen Konzept, das wir sehr schätzen, weil es positive Reifungsaufgaben formuliert und Entwicklung bis ins Sterben vorsieht.

Es bleibt eine wichtige Aufgabe, nach gemeinsamen Feldern der Arbeit im Weinberg zu suchen. Zuviel Abstand ist ungesund. Wenn Bahnsteige reden könnten, würden sie Geschichten von Paaren erzählen, die sich mit Wehmut ziehen lassen, und von solchen, die sich glücklich in die Arme fallen. Nähe und Distanz bedingen sich gegenseitig und wachsen aneinander. Intimität und Abstand müssen schwingen.

Je älter wir werden, und je länger wir unserer Wahrnehmung nachgehen, um so deutlicher wird uns, dass unsere Suche ein Ziel hat. Nicht nur in frommen Büchern und Enzykliken, sondern auch in unserem konkreten Leben ist offenbar die Eucharistie die Mitte, auch wenn wir das mehr ahnen als begreifen. Je mehr wir glauben, dass Gott wirklich bei uns sein will, in jeder Stunde und in jedem Raum, desto mehr gewinnt alles Sinn und Richtung. Je mehr wir annehmen, dass Gott wirklich in Christus auf uns zuging, immer wieder auf uns zugeht und uns körperlich mit hineinnimmt in diese geheimnisvolle Zone, in der unsere Nöte und Verstrickungen aufgehoben sind, um so mehr gewinnt jede Eucharistiefeier, aber auch jede menschliche Begegnung und jede Stunde eines mühsamen Alltags-Dienstes den Glanz und die Kraft des Ewigen. Das ist der Angelpunkt der Welt, der alle Lebensziele ordnet, auch für eine Ehe.

Wir wissen nicht, was uns noch bevorsteht. Heute schon kann Unfall oder schwere Krankheit alle Pläne hinfällig machen. Die Bewältigung von gesundheitlichen Katastrophen oder von beruflichem Scheitern zehrt in vielen Familien über Jahre alle Kräfte auf. Wir sind vor Krisen nicht sicher. Selbst als Paar können wir nicht sicher sein, dass nicht irgendwann ein Mensch in unser Leben tritt, der eine so überwältigende Anziehungskraft auf einen von uns hat, dass alles bisherige in Frage gestellt wird. Horst Schroth bespöttelt das als LCS, als »Live Changing Sex« und als eine Variante der midlife crisis.[17] Aber des Pudels Kern ist: Nichts ist sicher.

Außer einem vielleicht: Unser Leben ist dauernd voller echter Entscheidungsmöglichkeiten, die wir mit Gottes und anderer Menschen Hilfe gestalten können, besonders an den Nahtstellen des Lebens, in kleinen und großen Krisen. Daran führt kein Weg vorbei. Wir können zwar die Augen schließen und versuchen, kleinen und großen Entscheidungen aus dem Weg zu gehen, aber damit treffen wir bereits Entscheidungen, ob wir wollen oder nicht. Auch für Ihre Ehe werden Sie sich immer wieder neu entscheiden müssen, an jeder Wegbiegung und in jeder Krise. Wir haben über die Jahre Freude daran gefunden, unsere Gegenwart möglichst genau wahrzunehmen – na ja, meistens – und in der geistlichen Begleitung, in unserer GCL-Gruppe und in der täglichen stillen Zeit immer wieder zu klären, was wirklich ist und was werden will. Wahr-Nehmung im vollen Wortsinn hilft zu ordnen und zu akzeptieren. Manchmal reißt sie Neues auf, auf jeden Fall hilft sie uns zu wachsen und ist dadurch wertvoll.

In vielen Ehen gibt es eine Ahnung des gemeinsamen Ziels, manchmal als Bild, viel häufiger unausgesprochen. Eines unserer Bilder ist leider durch Klischees entwertet: das alt gewordene Paar, das in stillem Einverständnis auf einer Bank am Haus die Sonne genießt. Die Knochen tun ein bisschen weh, und die meisten Organe tun ihren Dienst langsamer und weniger scharf. Was draußen abläuft, regt nicht mehr so auf und ist nicht mehr so wichtig. Dieses Bild berührt eine unserer Hoffnungen über gelingende Ehe: Ja, da mag viel Missverständnis und Streit und Krise gewesen sein und vielleicht schwere gemeinsame Verluste und vieles, was nicht in Erfüllung ging. Aber am Ende hat sich der Zusammenstand, das Einverständnis als das Stärkere erwiesen.

Zu unsern Träumen gehört, irgendwann ungefähr gleichzeitig gehen zu dürfen. Beide mögen wir Friedhöfe und lesen gerne Grabinschriften. Daher wissen wir, dass die Erfüllung dieses Traumes nicht wenigen Paaren geschenkt wird. Wenn es anders kommt, wird es für einen von uns schwer werden. Tröstlich finden wir, dass wir einige Hinterbliebene kennen, die nach ihrer Trauer noch einmal richtig aufgebrochen sind. Sie haben eingemottete Interessen ausgegraben und richtig losgelegt: reisend, lehrend, schreibend ... Einige sind sogar in höheren Jahren noch einmal das Wagnis einer neuen Partnerschaft eingegangen. Auch für Witwen und Witwer gilt: Was mehr ins Leben führt, hat Vorrang.

Wir setzen auf die Zusage, dass Gott uns ins Leben führen will, und zwar nicht erst im Jenseits. Er scheint großes Interesse daran zu haben, dass wir gute Wege finden. Wir glauben mehr und mehr, dass Gott – ein etwas vermessenes Bild – aufmerksam darauf wartet, dass wir ihm Chancen zum Wegweisen und Wirken geben. Das können wir tun, Sie auch. Und dazu wollten wir einige Anregungen geben. Wir glauben, dass Gott Freude an lebendigen Ehen hat, die sich weiterentwickeln, manchmal auch stürmisch, und dass er uns in weites und reiches Land führen will und viel mit uns vorhat. Wir glauben, dass die Ehe für beide Partner eine Chance ist, weiter zu kommen als sie je alleine könnten. Manche Wege aus mir heraus und über

mich hinaus öffnen sich überhaupt erst durch meine Partnerin oder meinen Partner.
Die letzte Übung können Sie in regelmäßigen Abständen, vielleicht jährlich, wiederholen. Sie verbraucht sich nicht. Wie viele andere Übungen wird sie mit der Wiederholung eher stärker. Eine Variante davon kennen Sie schon aus dem Kapitel »Krisen«.

Übung

Nehmen Sie sich zu zweit eine ruhige Stunde. Für besonders geeignet halten wir den Vorabend Ihres Hochzeitstags. Besinnen Sie sich im gleichen Raum, sichtbar füreinander, still, wenigstens 20 Minuten, auf die Frage, wie es Ihnen in Ihrer Ehe zur Zeit geht. Wofür sind Sie der oder dem anderen zur Zeit besonders dankbar? Was an ihr oder ihm macht Ihnen zur Zeit Freude, vielleicht neu entdeckte Freude? Schließlich: Spüren Sie etwas in sich, was mehr leben möchte? Das Raum und Kraft gewinnen möchte? Das zur »Vision« Ihrer Ehe gehört ... Anschließend teilen Sie das Gefundene einander mit. Sie sollten sich nur zuhören, einer nach dem andern. Und dann entscheiden Sie gemeinsam, ob das Gehörte erst einmal so stehen bleiben und wirken soll und wann es Ihnen gut gelingen könnte, darüber ins Gespräch zu kommen. Vielleicht eignet sich ein Wochenende dafür, in einer schönen fremden Stadt, nur für Sie beide.

Anhang

»Prinzip und Fundament«
(von Ignatius von Loyola, in: Geistliche Übungen, Nr. 23)

Der Mensch ist geschaffen, um Gott unseren Herrn zu loben, ihm Ehrfurcht zu erweisen und ihm zu dienen und mittels dessen seine Seele zu retten; und die übrigen Dinge auf dem Angesicht der Erde sind für den Menschen geschaffen und damit sie ihm bei der Verfolgung des Ziels helfen, zu dem er geschaffen ist.
Daraus folgt, dass der Mensch sie soweit gebrauchen soll, als sie ihm für sein Ziel helfen, und sich soweit von ihnen lösen soll, als sie ihn dafür hindern.
Deshalb ist es nötig, dass wir uns gegenüber allen geschaffenen Dingen in allem, was der Freiheit unserer freien Entscheidungsmacht gestattet und ihr nicht verboten ist, indifferent machen. Wir sollen also nicht unsererseits mehr wollen: Gesundheit als Krankheit, Reichtum als Armut, Ehre als Ehrlosigkeit, langes Leben als kurzes; und genauso folglich in allem sonst, indem wir allein wünschen und wählen, was uns mehr zu dem Ziel hinführt, zu dem wir geschaffen sind.

»Vorbereitungsgebet«
(von Ignatius von Loyola, in: Geistliche Übungen, Nr. 46)

Herr, ich bitte Dich um die Gnade, dass alle meine Absichten, Handlungen und Beschäftigungen rein auf den Dienst und den Lobpreis Deiner göttlichen Majestät hin geordnet sind.

»Tagesrückblick« / »Gebet der liebenden Aufmerksamkeit«

(Dieses Abendgebet, für das man etwa 15 Minuten stille Zeit benötigt, gibt es in zahlreichen Varianten; die folgende stammt aus der GCL.)

1. Ich finde mich in Gottes Gegenwart ein.
   Ich danke für mein Geschöpf-Sein, für Leib und Leben.
2. Ich bitte, meine Wirklichkeit vorurteilsfrei anschauen zu können.
3. Ich blicke ruhig auf mein Leben, konkret auf den vergangenen Tag:
   - Was bewegt und berührt mich jetzt?
   - Was habe ich erlebt – wie ging es mir mit meinen Empfindungen, Gefühlen und Gedanken?
   - Wie habe ich meine Beziehungen gelebt – zu mir selbst, zu den anderen, zur Schöpfung, zu Gott?
   - Ich suche Gottes Geist in den Bewegungen von Glauben, Hoffen und Lieben wahrzunehmen.
   - Ich suche den Aber-Geist von Misstrauen, Entmutigung und Egoismus aufzuspüren.
4. Ich schaue auf Gottes Zuwendung und Erbarmen und bringe alles, was ich wahrgenommen habe, vor ihn.
   Ich danke, und ich bitte um Versöhnung – wie im Gespräch mit einem Freund oder einer Freundin.
5. Ich versuche, der verheißenden Zukunft Gottes zu vertrauen.
   Ich bitte um die Entschiedenheit zur Hoffnung.

Anmerkungen

[1] Willi Lambert: Die Kunst der Kommunikation. Entdeckungen mit Ignatius von Loyola, Freiburg 2001.

[2] Ignatius von Loyola: Geistliche Übungen, übers. und erkl. von P. Knauer, Würzburg, 2. Aufl. 1999.

[3] Auch »Marriage encounter« (ME) ist Ausdruck dieser Suche. ME wurde vor Jahrzehnten als Initiative zur Entwicklung und geistlichen Vertiefung von Partnerschaft und Ehe gegründet. An Wochenenden zeigen erfahrene Eheleute Paaren Wege auf, wie sie einander offener begegnen, persönliche Gedanken und Gefühle leichter mitteilen und sich gegenseitig besser zuhören und verstehen können. Das kann einer Ehe zu viel kommunikativer Kraft verhelfen.

[4] Ignatius von Loyola: Geistliche Übungen, s.o. Anm. 2, Nr. 313–336.

[5] Rudolf Sanders: Zwei sind ihres Glückes Schmied. Ein Selbsthilfe-Programm für Paare, Paderborn 1998.

[6] Pierre Wolff: Den Gefühlen trauen und den Kopf gebrauchen. Die Kunst der Entscheidung nach der Methode des Ignatius von Loyola, Freiburg 1996.

[7] Michael Mary: Schluss mit dem Beziehungskrampf, München 1995.

[8] Horst Schroth: Herrenabend 2000, Audio-CD, Köln 2000.

[9] Allan und Barbara Pease: Warum Männer nicht zuhören und Frauen schlecht einparken, München 2000.

[10] Willi Lambert: Die Kunst der Kommunikation. Entdeckungen mit Ignatius von Loyola, Freiburg 2001.

[11] s. o. Anm. 8.

[12] Lene Mayer-Skumanz: Wenn Du meinst, lieber Gott, Wien 1998.

[13] Rosmarie Welter-Enderlin: Deine Liebe ist nicht meine Liebe, Freiburg 2000.

[14] »Genogramm«-Arbeit dieser Art lehrt z.B. Bruno Hildenbrand, Soziologe in Jena und im Ausbildungsinstitut für systemische Therapie und Beratung in Meilen/Zürich tätig. Rosmarie Welter-Enderlin vom gleichen Institut beschreibt in ihrem Buch »Deine Liebe ist nicht meine Liebe« an eindrucksvollen Fällen, wie an Altlasten dieser Art professionell gearbeitet werden kann. Auch über das Scheitern von Paarbeziehungen finden sich in diesem Buch Gedanken, die wir gut mitvollziehen können.

[15] Rosmarie Welter-Enderlin und Bruno Hildenbrand: Systemische Therapie als Begegnung, Stuttgart 1996.
[16] Erik H. Erikson: Der vollständige Lebenszyklus, Frankfurt am Main 1988.
[17] s. o. Anm. 8.

In der Reihe **Ignatianische Impulse** sind bisher erschienen:

Band 1: Willi Lambert, **Das siebenfache Ja,** Exerzitien – ein Weg zum Leben

Band 2: Stefan Kiechle, **Sich entscheiden**

Band 3: Piet van Breemen, **Alt werden als geistlicher Weg**

Band 4: Heiner Geißler, **Glaube und Gerechtigkeit**

Band 5: Cordula und Ottmar Leidner, **Weil ich mit dir wachsen möchte,** Herausforderung Ehe

Band 6: Klaus Mertes, **Verantwortung lernen,** Schule im Geist der Exerzitien

Band 7: Karl Frielingsdorf, **Gottesbilder,** Wie sie krank machen – wie sie heilen

Band 8: Christian Troll, **Als Christ dem Islam begegnen**

Band 9: Bernd Hagenkord, **jugend@gott**

Band 10: Claudia Bausewein, **Sterbende begleiten**

Band 11: Willi Lambert, **Wovon die Liebe lebt,** Eucharistie und Lebenskultur

Band 12: Eckhard Frick, **Sich heilen lassen**

Band 13: Stefan Kiechle, **Macht ausüben**

Band 14: Franz Jalics, **Der kontemplative Weg**

Band 15: Ignatius von Loyola, **In allem – Gott**

Band 16: Gundikar Hock (Hg.), **Ergriffen vom Feuer**

Band 17: Michael Hainz, **Freundschaft mit Armen**

Band 18: Christian Herwartz, **Auf nackten Sohlen,** Exerzitien auf der Straße

Band 19: Albert Keller, **Sinn im Unsinn,** Worüber Jesuiten lachen